JN209885

How To Do Your BEST

目標達成のプロが教える

頑張り方の教科書

大野義啓

自由国民社

ROUTE TO THE TOP

やりたいことがあるけれど、どうすればいい？
本当は自分が何をしたいのかがわからない
夢や希望――かなう気がしない
「頑張れ」と言われても……頑張り方がよくわからない

でも……

このままでいいとは思わない
現状を少しでも変えたい
今の自分をもっとなんとかしたい

そう考える、すべての人に贈ります

はじめに

最近は、「頑張りすぎない」とか、「自分がワクワクすることだけをやりましょう」というような風潮がありますね。

いかに楽に、簡単に、効率よく、近道を探して目標を達成するか。そのような点ばかりフォーカスされているように思います。

もちろん、ワクワクする気持ちは大切です。

それに、ずっと肩の力を入れていては疲れてしまうばかりです。

でも、何かをやり切るためには、楽しいことを求めるだけでは足りないように思います。

ときには「しっかり頑張る」ことも必要ではないでしょうか。ここぞ！という場面では、しっかりとやる気のスイッチを「オン」にするのです。

成功し、活躍している人を見ると、「いいなあ」とうらやましく思うかもしれません。あの人には才能があるからいいなあ、なのでしょう。「能力のある人は違うよね」「やっぱり自分とはレベルが違うし」。

一流と言われる人、成功者と呼ばれる人は、昔からその地位にいたように錯覚しがちです。

では、実際に今成功している人は、はじめから成功者だったのでしょうか？

答えは「NO」です。

はじめから成功者になった人はひとりもいません。
最初はみな「凡人」です。
今、華やかに、かっこよく活躍しているイメージがあるから、あたかもスタート時からすでに成功していたかのように見えてしまうだけです。１００人の成功者がいたとしたら、そのうちの少なくとも99人は、どこかの時点で壁にぶち当たった経験があるはずです。

普通の人と成功者との違いは、**壁にぶち当たったときどうするか?**にあります。

普通の人は、壁を前にして「ああ、やっぱり無理なんだ。こんな壁、とても乗り越えられないや」とあきらめてしまう。もしくは、「きっと、間違った方向に進んでしまったんだ」と思って方向転換し、さっさと別の方面に逃げる人もいるでしょう。これに対し、成功している人は「この壁をいかに乗り越えようか?」を考え、アタックする。何度も何度も挑戦し、いろいろな角度から攻めて、最終的に壁を乗り越えるのです。

壁を乗り越える前の時点において、今は成功している人もみな「無名」です。まだ成功していません。

無名ということは、つまり我々と同じ土俵にいたという意味です。

一流だから壁を乗り越えられたのではなく、**壁を乗り越えたから一流になれた**のです。

野球界で数々の偉業を成し遂げ、今年引退を表明したイチロー選手も、野球をはじめたころは、ただのひとりの下手くそな少年だったと思います。

あそこまでの実力を持つまでになったのは、数多くの壁を乗り越えてきたからではないでしょうか。

雨の日も風の日もスランプの日も練習を続けた。

そうして壁を乗り越えてきたのです。

実際、イチロー選手は「僕は天才ではありません」と断言しています。

「なぜかというと、どうしてヒットを打てるかを説明できるからです」と。

日米通算4000本安打を成し遂げた際、こう言っていました。

「4000のヒットを打つには、僕の数字で言うと、8000回以上は悔しい思いをしてきている」

あのイチロー選手が、クールな表情で4000本のヒットを打つ裏で、その倍以上の空振り、失敗を重ねていたのです。

でも、そこでめげなかった。

「俺には野球は向いていないんだ」とあきらめたり、方向転換したりすることなく、目標に向かって歩み続けた。そうして壁を乗り越えていったからこその記録ではないでしょうか。

NBAで活躍したマイケル・ジョーダンも、勝負強さの秘訣を聞かれると、こう答えています。

「僕が成功させたシュートのことだけを覚えていてくれてうれしいよ。でも、残念ながら、その裏には成功した数を超える多くの失敗がある。おそらくそれがあるからじゃないかな」

そう、**成功している人の裏には、数多くの失敗が隠れているのです。**

失敗とは「壁」にぶち当たることを差します。楽しいことだけでなく、苦しいことも経験しながら、それでも当初の目標を忘れずにチャレンジし続けているのです。

そう考えると、**私たちも成功するチャンスを持っている**ことがおわかりいただけるのではないでしょうか。

成功の秘訣はただひとつ。

どんな壁にぶち当たってもそれを乗り越えていくことです。

そして、乗り越えられないレベルの壁は登場しません。たいていの場合、ちょっと頑張れば、少し工夫をすればクリアできるものばかりです。

ただし、頑張る際に重要なことがひとつあります。

それは、**「ムダな頑張り方をしない」**ということ。「頑張るための方向を見誤らない」とも言えるでしょう。

頑張ったら、それがきちんと成果として反映される。そんな頑張り方なら、頑張る甲斐もあるのではないでしょうか。

「正しい頑張り方」を身に着けることが大切なのです。

せっかく頑張るのですから、その努力をムダで終わらせるわけにはいきません。

走りながら、少しずつ改善し、軌道修正しながらゴールに向かって突き進んでいく。

これぞ正しい頑張り方と言えるでしょう。

本書では、その方法についてわかりやすく、丁寧にお話ししていきたいと思います。

頑張る過程は、残念ながら楽なことばかりではありません。

ときには、厳しかったり、つらかったり、しんどかったりすることもあるでしょう。

そこを乗り越えられるかどうかのポイントは、いかに「しっかりとした動機付け」を持ち合わせているかどうかです。つらいことを「つらい」ととらえるか、「これはゴールに近づくための一歩だ」ととらえるかによって、心持ちは大きく違ってきます。

たとえば、１００kgのバーベルをあげることを目標にした場合をちょっと想像してみてください。

いきなり100kgは持ち上げられませんから、70kg、80kg……と少しずつ重量を重くしながら、目標に近づけていくでしょう。

そのとき、

「あー、しんどい……。目標まではほど遠いし、これ以上重いものを持てる気がしない……。そもそも、なんでこんなつらいことをやらなければいけないのだ」

と思いながら行なうのと、

「お、重い。でも、これを持ち上げられるようになる頃には、身体ももっと引き締まるだろう。理想の自分にまた一歩近づくことができる。100kgのバーベルを持ち上げられたら3ケタの大台を突破できるし、トレーニング仲間にも差をつけられるぞ！」

とその様子を想像しワクワクしながら行なうのとでは、どちらが楽しくできると思いますか。

そう、後者ですよね。

同じ「100kgのバーベルをあげる」という目標を掲げるにしても、単にその行為のみにフォーカスするのと、その先に「ガッチリとしたたくましい身体になりたい」「みんなからスゴい！と思われる身体をつくりたい」という目標を設定するのとでは、心持ちが変わってきます。

つらいことがあっても、それが「理想の自分に近づくために必要なことだ」と思えたら……？　モチベーションがより上がり、頑張る力がわき、つらいときでも踏ん張りが効くものです。結果として最後までやり切ることができるはずです。

がむしゃらに頑張るのではなく、やりたいこと、やるべきことの方向性をきちんと見据えたうえでの頑張りです。言い換えれば、**「上手なエネルギーの出し方」**とも言い換えられるかもしれません。根性でゴリ押しするタイプの頑張りではなく、効率的でムダがない、言ってみればスマートな頑張り方です。


頑張る気力はある。

でも、どうせやるんだから、頑張ったら頑張っただけの成果が得たいですよね。

そんな方にぜひ読んでいただきたい本です。

今、どんなにダメでも、「大それた夢を持っているな」と思っている人でも大丈夫。

本書に書かれていることを実行すれば、必ずや結果を出せるでしょう。

目次

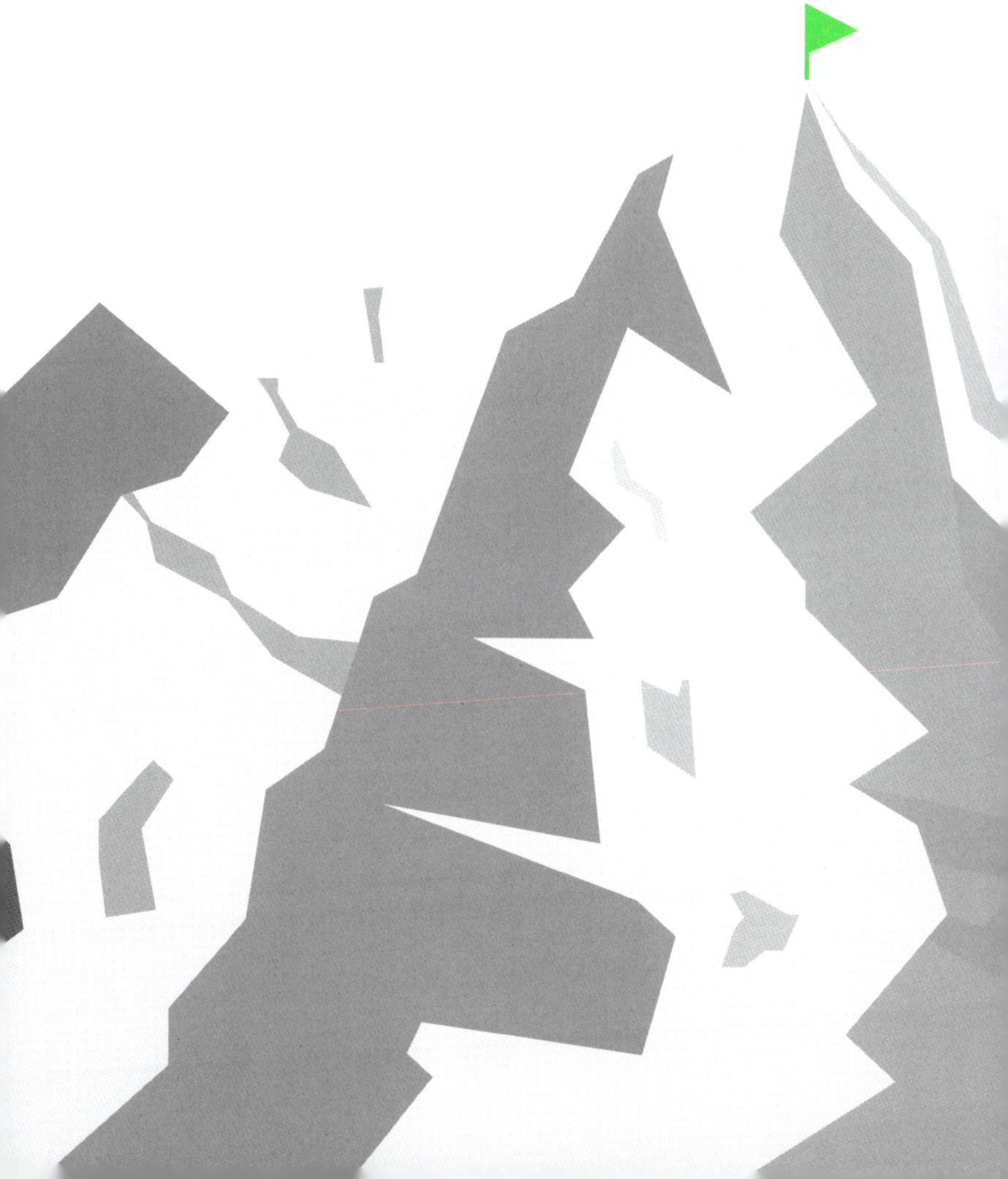

STEP 1

目標を設定する

結果を出せる人は、「正しい頑張り方」を知っている

頭ひとつ抜きん出る人、というのは、ほかの人とどこが違うのでしょう？

それは**努力の「方向」がきちんと定まっている**ことが非常に大きいと思います。

スポーツもビジネスも同じことが言えますが、努力なしに一足飛びにトップに躍り出るということは、まずありません。

みんな、それなりに努力はしているかと思います。

ここで重要となるのが、努力の「方向」です。

これを間違えると、いくら頑張っても努力が報われないという結果に陥るばかりです。

たとえば、柔道で言えば、背負い投げを強化するためには下半身を強化することが大切だとします。なのに、腕立て伏せを一日200回やることを掲げたとしたなら……。

目標を決めることは大切です。腕立て伏せだって、トレーニングのひとつです。でも、残念ながら、今課題である「下半身」を鍛えた方がいいとしたら？　それは有効ではありません。いくら毎日２００回腕立て伏せをしたところで下半身はほとんど鍛えられませんよね。

正しいワークアウトのためには、きちんとしたプログラムが必須です。これが努力の「方向」です。まずは「どうなりたいのか？」をしっかりと定め、そのために頑張るべき道筋を見極めるのです。

そのためにぜひやっていただきたいのが、**「目標設定」**です。

私はこの目標設定を非常に重要視しています。

では、目標設定って何でしょう。

それは、**「設計図」**と言えるでしょう。

どんな建物でも建てる際には、必ず設計図が必要となりますよね。何も見ないで感覚で適当に建てるという大工さんはいません。まずは完成予想図である設計図を作成し、それに基づいて作業工程を考えていきます。そして、それに基づいて大工さんたちは土台をつくり、柱をつくり……順番に組み立てていきます。

目標を達成する方法もまさにこれと同じです。

まずは、「設計図」をきちんと作成したうえで、プロセスを組み立てていく。そこがきっちりとできたら、あとは順番に作業を進めていくのみです。

結果が出せる人たちは、この設計図にあたる「目標設定」をしっかりと行なっています。

目標設定は、**「思考の棚卸」**とも言い換えられるかもしれません。

たとえば、店で商品の棚卸をすると、どのようなことがわかりますか？

店に在庫がどのくらいあるか？　どんな商品が何個残っているのか？　というようなことが具体的な数字としてあらわれるのではないでしょうか。すみっこのほうに眠っていて忘れていた商品が日の目を見る、ということもときにはあるでしょう。店の隅から隅まで、今ある商品をすべて把握することができます。つまり、手元に存在するものを再確認すると同時に、不足している品物も把握することができるのです。

思考の棚卸もそれと同じようなものです。

今、自分の頭の中にはどのような考えや思いが、どの程度の割合で存在するか？　現状はどのような状況か？　何が足りていて何が足りないのか？もわかるでしょう。今あるものをさらに伸ばし、足りないものを効率的に補充することができるのです。

もしかすると、「これって**ブレーンストーミング**にも似ていない？」と思った方もいるでしょう。

その通りです。ただ違うのは、棚卸する「数」です。

ブレーンストーミングの場合には、思いついたことを数に際限なく書き出していきますね。

一方、この本でご紹介する目標設定のためのツール＝**「マンダラシート」**では、棚卸の数が常に**「8個」**と決まっています。

ブレーンストーミングでしたら、たとえ1個か2個しか思い浮かばなくてもいいですが、マンダラシートの場合には「8個」と数が決まっていますから、8個になるまでひねり出して考えなければいけません。

そして、この**「ひねり出して考える」**ことこそが、非常に重要なのです。

そもそも、何のために目標を設定するの？

あなたの周りには、自分が望む通りの人生を生きている方がいらっしゃいますよね。

そういう人たちの「共通点」っていったい何でしょう？


それは、**自分の「欲求」に素直に向き合っている**ことだと私は思います。

自分自身と向き合うことで、自分の本当の「望み」を知っている。

つまりは、自分自身のことをよく知っているということです。


たとえば、飛行機なども、発明のもととなったのは、

「空を飛んでみたいな」「もっと早く、もっと遠くに行きたいな」

という欲求に端を発しているのではないでしょうか。

「人の役に立ちたい」という目的はそのあとに出てくるものだと思います。


ところで、「欲求」というと、どこか俗っぽいイメージがあり、なんとなく隠したくなるところがあるようです。

自分の心の奥底に潜む欲求にフタをしてしまうため、思う存分エネルギーを出すことができない、自分の本当の良さを発揮できない、頑張れない……という負のスパイラルに陥ってしまいがちです。

その結果、何かをやろうと決めても続かない、ということになります。

欲求は恥ずかしがったり、隠したりする必要などまったくありません。

もっと生々しく、貪欲に自分の欲求に向き合ってみましょう。

この欲求っていったいなんでしょう?

それは**「潜在意識」**に潜む思いです。

何かやりたいことはないかな?と考えてみたとき、すぐ答えが出てくるとしたら、それは「顕在意識」から口にしたことです。言ってみれば、「模範解答」です。

「これを答えたら無難だよな。こう言えば丸をもらえるな」と、頭の中にあらかじめ用意された答えなのです。

でも、「頭」で考えることと、実際に「心」の中で思っていることは違います。
そして、知るべきなのは圧倒的に後者。

心の中に潜んでいることにこそ、真実が隠されているのです。

私はこのワークを行ない、自分自身と向き合うことによって、人生におけるキーワードや優先順位などに気づくことができました。
そして、価値観も大きく変わったのです。

一番大事なのは、
「実行」すること

「計画を立てたのに、3日坊主に終わってしまった」
「やろうと意気込んでいたはずなのに、できなかった」
という話をよく聞きます。
それはなぜでしょう?

計画は立てた。けれど、計画自体があいまいで具体性がないから、なかなか実際に行動を起こすレベルにまで落とし込めない……というのが、一番大きな理由だと私は思います。

業務改善の方法として、「PDCAサイクル」という手法があります。**Plan**（計画）、**Do**（実行）、**Check**（評価）、**Action**（改善）の4段階を繰り返すことで、徐々に業務が改善されていくというものです。

この中で、一番行き詰まりやすいのは「**Do**」のところです。計画はあるのに実行できない。結果、プランは単なる「絵に描いた餅」に終わってしまう。**Do**ではなく**Delete**（削除）になってしまうのです。

特に私たち現代人は、情報収集や計画設計は得意ですが、実行の仕方がうまくない気がします。

たとえば、「身体を鍛えたい」と筋トレをはじめたとしても、正しく筋肉が使えなければ、いくら身体を動かしても上手に鍛えることはできません。けれども、筋トレをしなければ、いつまで経っても筋肉はつきません。

さらに言えば、自分に負担のないように、楽な運動をしているだけでは筋肉はつきません。少しずつ「負荷」をかけることが重要になってきます。徐々に負荷を上げていくことで、だんだんと筋肉は増えていき、正しく筋肉を使うことでしっかりと身体も鍛えられます。

人間の能力もそれと同じです。

負荷を少しずつかけていくことで徐々に能力が高められていきます。正しい方法を用いることで、きちんとレベルアップしていきます。

やがて自分のやりたいことと同じレベルに到達したとき、それが手に入るのです。

ではなぜ、実行（行動）することができない人が多いのでしょうか？

それは動機付けが不足しているから。

行動する目的があいまいだから、行動できないのです。

そのために役に立つのが、今回ご紹介する**「大野式マンダラワーク」**です。

その使い方については、これからじっくりとご紹介していきますが、この効果ははっきり言って絶大です！　それは、ほかならぬ私が保障します。

私は人から「ポジティブ」「ストイック」とよく言われますが、実は怠け者で面倒くさがり屋です。でも私が常にアクティブで行動力を発揮できているのは、こうしたトレーニングを積み重ねてきた結果、目標に対する目的が明確になり、動機付けが上手になったことも大きな要因の一つです。

飽きっぽくてこれまで長続きしたためしがない、という方も、今取り立ててやりたいことがない、という方も大丈夫。コツをつかんでいただければ、誰にでもできる方法です。

どうかその威力を、ぜひ体感してみてください。

たった45分で、
あなたの人生が
変わる！

「たった45分で、こんなに自分が見えてくるとは思わなかった！」

これは、実際に**「大野式マンダラワーク」**を行なった方々が口をそろえておっしゃることです。

「やりたいことは何ですか？」「かなえたいこと、夢を書き出してみましょう」といきなり言われても、人はなかなか思いつかないものです。

ところが、このマンダラシートをやるうちに、**自分の達成したい目標や解決したい課題などが自然と見えてきます。**

「ああ、自分はこのようなことに興味を持っていたんだ」「頭の中がだんだんと整理され、クリアになってきた」と気づくでしょう。

たとえば、サッカーでは、ゴールが見えてくると自然とそこに向かって走り出したくなりますよね。マラソンでも、徒競走でもゴールテープが見えると、俄然力がわいてきて、ラストスパートが効いてくると思います。

このように、人は**ゴールを目にすると、自然と動き出したくなる**ものです。


人生全般においても、これと同じことが言えるでしょう。

自分が何をやりたいのか？　どうなりたいのか？　など、目指す〝ゴール〟が見えてくると、人はそこに近づくために頑張りたくなる。自然と意欲がわき、そこに向かって走り出したくなるのです。


そのために役立てていただきたいのが、私が**「大野式潜在意識活性9Qワーク」**と名づけたシートです。

このシートのすごいところは、45分で自分のゴールが見えてくるところです。そのうち、9分は休憩時間ですから、実質36分とも言えるでしょう。

36分と言えば、軽く食事をしたり、ちょっとおしゃべりをしたりしていたらあっという間に過ぎるでしょう。1時間もののドラマならちょうど佳境に入ったところくらいではないでしょうか。

また、このシートは、自分のやりたいことが見えてくるだけではありません。そのために**どうすればいいか?**という具体的な方法までがしっかりとわかります。**最初の一歩をどう踏み出すか?**を知ることもできるのです。

また、**現状の自分の強み/弱み**も見えてきます。これは、くじけそうになったときの大きな励みになるでしょう。

それらは、これらの人生に大きな影響を与えてくれるはずです。

そう考えると、**45分で人生を変えることができる**とも言うことができるでしょう。

心の奥底に眠る「欲求」を探る9つの質問

自分の「生きたい」と思う人生を歩んでいる人には、ある共通点があります。

それは、自分の「欲求」に素直に向き合っていること。

「何かをやってみたい」「こんなことがしたい」「何かが欲しい」という気持ちのことですが、どうも俗っぽいイメージがあるのか、いい意味にとらえられることが少なくありません。つい自分の欲求にふたをし、隠してしまう人も多いように思います。

けれど、実はこの**欲求こそが目標に向かって突き進む原動力となる**のです。

本当の自分の気持ちに耳を傾け、それを知りましょう。

それが自分と向き合い、自分のことを深く知ることになります。

でも……、
自分の本当にやりたいことがわからないから困っているんだよね。
したいことなど別段、思い浮かばないし……。
今の自分にはとうてい夢がかなうとも思えない。
という方もいらっしゃるでしょう。

そのような方にぜひ行なってほしいのが、左ページに示した「マンダラシート」を使いながら、**「9つの質問」**に答えていく、というものです。

※自由国民社HPの本書商品ページからこのシートのPDFデータをダウンロードできます。
(https://www.jiyu.co.jp/shakaikeizaijinbun/detail.php?eid=03383&series_id=s03)

これは私が独自に考え出した、本当の自分を知る(=潜在意識を引き出す)ためのワークです。質問に一つひとつ答え、シートのマス目を埋めていくうちに、自分が本当に望んでいること、なりたい自分、今の自分の強み、弱み、そして最終的には自分のゴールが次々と明確化されていきます。

頭がスッキリと「見える化」され、「そうか、自分はこんなことを考えていたのか!」とハッとすることもあるでしょう。

ここからは、**シート**と**9つの質問**について、詳しくご説明していきたいと思います。

シートには、①~⑨までの色がついた9つのマスと、それぞれの周りにA~Hまでの8つの白いマスがあります。

H	A	B	H	A	B	H	A	B
G	⑨	C	G	②	C	G	③	C
F	E	D	F	E	D	F	E	D
H	A	B	H	A	B	H	A	B
G	⑧	C	G	①	C	G	④	C
F	E	D	F	E	D	F	E	D
H	A	B	H	A	B	H	A	B
G	⑦	C	G	⑥	C	G	⑤	C
F	E	D	F	E	D	F	E	D

色のついたマス目には、「9つの質問」を一つずつ書きこみます。

①＝望むこと
②＝なりたい自分
③＝価値観
④＝現在の自分
⑤＝自分の強み
⑥＝解決したい課題
⑦＝達成したい目標
⑧＝達成で得られるもの・発生するメリット
⑨＝未達で失うもの・起こりうるリスク

そして、

H	A	B	H	A	B	H	A	B
G	⑨未達で失うもの	C	G	②なりたい自分	C	G	③価値観	C
F	E	D	F	E	D	F	E	D
H	A	B	H	A	B	H	A	B
G	⑧達成で得られるもの	C	G	①望むこと	C	G	④現在の自分	C
F	E	D	F	E	D	F	E	D
H	A	B	H	A	B	H	A	B
G	⑦達成したい目標	C	G	⑥解決したい問題	C	G	⑤自分の強み	C
F	E	D	F	E	D	F	E	D

【1周目】

各質問に関して、思いついたことを8つ、思い浮かんだ順に矢印（↓）の示す順番でA～Hまで書いていきましょう。

ここで重要なのは、

「時間を計《はか》る」

ということ。

1項目につき「2分」という時間制限を設けましょう。

すべて埋まらなくても、大丈夫です。

たいていの方は最初すべてのマスが埋まることはありません。

2分×9項目＝18分。

終えたら、**「3分」休憩**します。

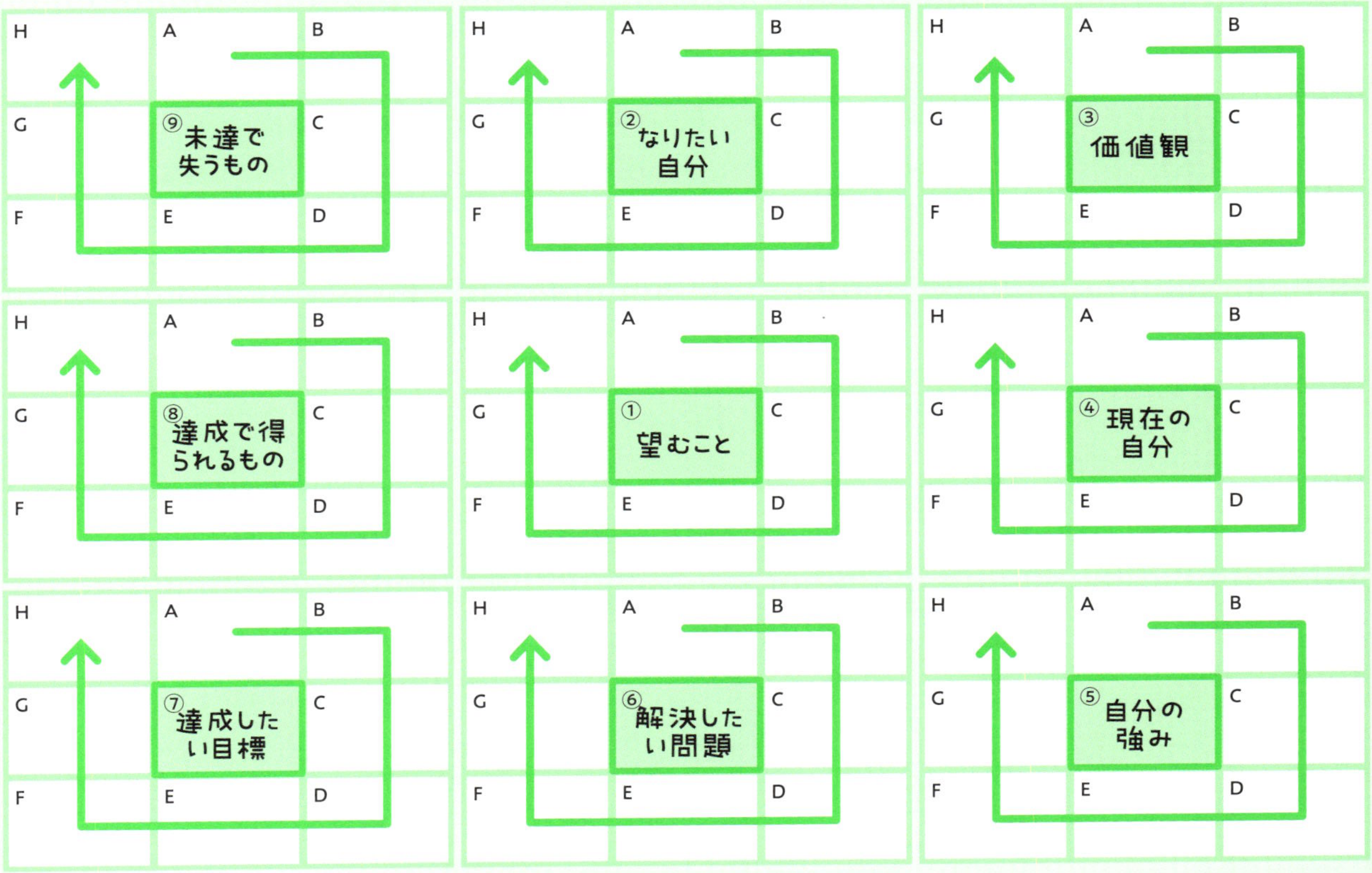

⑨未達で失うもの
②なりたい自分
③価値観
⑧達成で得られるもの
①望むこと
④現在の自分
⑦達成したい目標
⑥解決したい問題
⑤自分の強み
H A B G C F E D

【2周目】

休憩したら、2周目のスタートです。

埋まらなかったところを中心に、今度は**1項目につき「1分」ずつ**考えていきます。

1分×9項目＝9分。

終えたら、**「3分」休憩**します。

【3周目】

休憩したら、今度は全体を見渡し、9つの項目のうち空いているすべてのマスを**「5分」**で埋めていきます。

このとき、先に書いたことを**修正したいと思ったら、消しゴムや修正ペン等で消すのではなく、斜線を引いて直しましょう**。あとから見直すためです。

終えたら、**「3分」休憩**します。

【4周目】

いよいよ総仕上げ。3周目と同じ作業を今度は**「4分」**で仕上げます。

1回目：各項目2分×9項目＝18分

〈休憩：3分〉

2回目：各項目1分×9項目＝9分

〈休憩：3分〉

3回目：全体で5分

〈休憩：3分〉

4回目：全体で4分

＝考える時間だけだと36分、休憩時間を含めると45分間で完成です。

答えに詰まってからが「勝負」のはじまり

この「マンダラワーク」の作業を行なっていくと、だいたい4つ目まではすんなりとマス目を埋めることができるでしょう。ところが、5つ目になると筆がピタッと止まり、煮詰まる方が大半です。

でも、大丈夫。

なぜなら、**煮詰まってからが「勝負」**だからです。

ここで、「もう書けない。自分には無理なんだ。きっと向いていないんだ」とあきらめてはいけません。

そもそも、**すらすらと8つ書き上げることができる人など誰もいない**からです。

あなたはこれまで、ひとつの事柄についてここまで考え抜く経験はなかったのではないでしょうか？
私だってそうです。いつも、途中で「うーん」とうなります。
でも、そこからが戦いのはじまりなのだ、と思って楽しむことにしています。
それは「自分」との戦いかもしれません。

頭を絞って、ひねり出して、そうして出てきた答えこそが、あなたが本当に望むことです。

行き詰まったときこそ、思考力を鍛えるチャンスです！
「今まで考えてもみなかったことを自分に問う」という新しい体験を、ぜひ楽しんでみてください。

1周目は「とにかく書く。マス目を埋める」ことを目標にしてみましょう。
まさに**「思考のトレーニング」**です。思考力を鍛えているのです。

腹筋を鍛えるのと同じように、この経験を重ねるうちに、思考力も鍛えられてきます。思考も脳も身体も、使うからこそ強化できます。

煮詰まったら、「今、きっと脳みその神経細胞がジワジワと繋がっていっているな」と脳内の変化を想像してみましょう。

またこれは、どの項目にも共通して言えることですが、**何を書いてもOK**です。

「いいことを書こう」とか「完璧なものをつくろう」などと考える必要はまったくありません。

制限をすべて取っ払って、頭の中に思い浮かんだものを素直に書き出すのです。

休憩時間になったら、出来上がったものを全体的に眺めまわしてみましょう。

自分を客観視するのです。

書いたものを眺めたときに、どう感じるでしょう？

この作業を行なううちに、徐々に思考が回ってくるのがわかるはずです。

人は煩悩《ぼんのう》があったり、不満がたまっていたりするはずなのに、いざ書き出そうとすると、意外と書けないことに気づくかもしれません。

でも、いいんです。それがわかっただけでも大きな収穫です。

また、書いたものを見ながら、「もっとこうしたいな」と別の意欲が生まれてくるかもしれませんし、さらなる目標を思いつくこともあるでしょう。

逆に、「こんな状態ではいけないな」と現状を反省し、気持ちを切り替えるかもしれません。

いずれにしても、これを書いたことによって、次のアクションやアプローチを起こすきっかけにもなります。

そして、この変化こそが大事なのです。

2周目からは、少しずつ、空いたマス目を埋めていきましょう。

同時に、これまで書いた内容を見直して、「書き直したいな」と思った場合には、消しゴムなどで消さず、斜線を引いて修正します。
あとから、「こんなことも考えていたのだな」と見返すことができるようにしておくのです。

９つの質問に対する答えは、どのように考えていけばいいのか？　どう書けばいいのか？について、次から詳しくお話ししていきます。

第1フェーズ＝自分の理想を考えてみる

9つの質問①「望むこと」

H	A	B
G	① 望むこと	C
F	E	D

- ほしいものは何ですか?
- やりたいことは何ですか?
- 手に入れたいものはありますか?

第一の質問です。

あなたが本当に望んでいることは何でしょう?

お金が欲しい?　車、マイホームが欲しい?　モテたい、やせたい、有名になりたい、昇進したい、キレイになりたい、マッチョになりたい、サッカーで優勝したいなど……。

収入、趣味、状況、環境、健康（体力）、モノ・コトに関して、思うまま自由に８つ挙げてみましょう。

ここでは、実際にかなえられるかどうかは関係ありません。

たとえば、「年収２０００万円欲しいけれど、今の自分にはとうてい実現させることは難しいな」とためらうことはありません。たとえ今は難しいとしても、これから向かっていけばいいのですから。そのためのゴール設定です。

今はまだそれを手に入れるほどの能力がまだ自分に備わっていないにすぎない、ということでもあります。言い換えるならば、頑張ればいつかそれをクリアできるだけの能力を身につければいいということです。

ここで注意してほしいのは、決して「いいことを書こう」など、かっこつける必要はない、ということです。また、「誰かに見られたら恥ずかしいな」と考えなくて大丈夫です。これは他人に見せるものではなく、基本的に自分のためのものです。どうか、自分の心に正直になって、書いてみましょう。

「人助けをしたい」「世の中に役立つ人間になりたい」という答えも出てくるかもしれません。一方で、「モテたい」「お金持ちになりたい」など、ただ自分のための欲求もあると思います。それでもいいのです。

相田みつをさん風に言えば「人間だもの」。そういう気持ちがあって当然です。そんな自分も隠さず、素直に書き出してみましょう。


たとえば、欲しいものはひとつもなく、代わりにやりたいことが8つ挙がった、という場合もあるでしょう。それでも問題ありません。傾向として、「やりたいことに対するモチベーションが高いのだな」ということがわかっただけで収穫です。

「自分はやりたいことがたくさんあるのだな」ということを認識したうえで、そこを深く掘り下げてみるのもいいでしょう。一方、「自分の欲求が偏っているな」と感じ、バランスを取りたいと思う人もいるかもしれません。もちろん、それもありです。

いずれにしても、自分の欲求についてあらためて考えるいいきっかけになることはたしかです。

9つの質問②「なりたい自分」

H	A	B
G	②なりたい自分	C
F	E	D

・どんな自分になりたいですか？

・どんな自分なら、自分に自信が持てますか？

・どんな自分になれたら「ベスト」だと思いますか？

自分の願望を吐き出したら、次は「なりたい自分像」を思い描いてみましょう。

望むことを手に入れるためには、どのような自分になればいいの？　そもそも、なりたい自分ってどんな自分なの？　というところを考えるのです。

あこがれの人を考えてもいいでしょう。「ああ、あの人ステキだな」とか「あの人の生き方、かっこいいな」と思える人を思い出してみましょう。テレビなどで活躍している有名人でも、自分の周囲にいる方でもいいです。

たとえば、サッカーをやっている人なら、「本田圭祐、かっこいいな」と思うかもしれません。仕事のできる上司や先輩を思い浮かべる人もいるでしょう。

目指したい「最高の自分」はどんな自分か?を具体的に考えてみるのです。

「50代になっても現役でサッカーを続けている三浦カズ選手のようになりたい」とか「ドラマのお母さん役から、おしゃれなマダム役まで、幅広く演じている松嶋菜々子さんにあこがれる」でもいいでしょう。

次の質問では、「なりたい自分は、こんなところがすごい」「あの人のこんなところがいい」「この人のこういう部分にあこがれる」など、「すごい部分」「あこがれる部分」を切り出して考えていきます。

9つの質問③「そうなるための価値観」

H	A	B
G	③ 価値観	C
F	E	D

- **その人（あこがれの人）はどんなところがすごいと思いますか？**
- **その人のどういうところにあこがれますか？**
- **その人はどのように考え、どのようなことを大切にしていますか？**

なりたい自分（あこがれの対象）が明確になったら、「その人のどのようなところがすごいのか？　どんなところにあこがれを抱くのか？」について考えてみましょう。

具体的には、なりたい自分（あこがれの人）がどのような考え方、生き方をしているか？を想像しながら、自分がなぜその人に惹かれるのか、その理由について思いを巡らせてみるのです。

ここで注意したいのは、「今の自分」がどう考えているか?ではなく、あくまでも「なりたい自分になれた自分」の価値観を想像することです。「結果を出せている」と感じている人、すごいな!と思える人はどのような考え方を持っているか?を考える作業、とも言うことができるでしょう。

たとえば、本田選手にあこがれているとしたら、どのような点でしょうか? とんなピンチでもポジティブなところ? 技がすごいところ? あるいは、歯に衣着せぬ物言いで、自分の考えをハッキリと主張できるところかもしれません。

また、仕事のできる先輩にあこがれているとしたら、高い目標にも果敢に挑戦していくところ、人に対して思いやりがあるところなどが思い浮かぶかと思います。

このようにあれこれと考えながら、8つ挙げていきましょう。

第2フェーズ＝現状を見直してみる

9つの質問④「現在の自分」

H	A	B
G	④ 現在の自分	C
F	E	D

- **自分は今、何ができていないと感じますか？**
- **自分のどのようなところを変えたいですか？**
- **どんなことが苦手ですか？**

これまで、3つの質問に解答することによって、

自分はどうなりたいのか？

なぜ頑張りたいのか？

が、少し明確になってきたのではないのでしょうか。

「そうか、私はこんな自分になりたかったのか」と、意外な一面があることを知り、びっくりしたかもしれません。

やりたいことがわかってくると、人は俄然「やる気」が出てきます。

あなたは今、自分の「やる気」の導火線に火をつけたのです。

言ってみれば、モチベーションを自家発電させた状態です。

では、次に何をすればいいでしょうか？

それは**「現状把握」**です。

自分の願望を知ったあとは、それと現状がどの程度かけ離れているのか？をしっかりと見てみましょう。

「今」を知ることなしに、未来に進むことはできません。

それはたとえば「3キロやせたい」と思ったら、今の体重が何キロなのかをまず知ることと同じです。

それもわからずにただ「やせたい」と言っているだけでは、何も変わりませんよね。

さらに言うならば、生活を見返して太る原因を探ることも大切です。

やせたいなら、具体的に何をすべきか？

その前に、今の生活の何がやせない原因なのか？

運動はしているか？

間食は？

いくら「やせたい」という願望を掲げたところで、テレビを観ながらおまんじゅうやらおせんべいを食べていたら……。日中は炭水化物を減らしたり歩いたりしているのに、夜にアイスクリームを食べていたら？

「こんなに努力しているのに全然効果が上がらない」という人は、努力の方向性が違う場合があります。その軌道修正を行なうのも、この項目です。

ベストの自分と比較したとき、自分は今、どのくらいのレベル、どの位置にいるのか？

ベストの自分になるために、今、自分には何が足りないのか？

について考え、８つ挙げてみましょう。

ここは、「現時点」での自分をしっかりと見つめる時間でもあります。

前向きに進んでいくために、ポジティブでいるために、まず自分の弱い部分、ネガティブな箇所にも目を向けていきます。

自分のマイナス面と向き合うので、正直「しんどいな」と思うことがあるかもしれません。

けれども、弱点を補強してこそ、強い自分がつくり上げられます。

それは、運動のトレーニングと同じ。

下半身の筋肉の弱さを認識することではじめて「下半身の筋肉を鍛えるために、スクワットしよう」と目標を定めることができます。

理想と現実を比較して、弱い部分を重点的に補強するのです。それこそが、理想の自分に近づくための一番の近道です。

そのためには、まず自分のネガティブな部分、本来ならばフタをしてしまいたい箇所にあえてフォーカスし、8つの答えを挙げてみてください。

9つの質問⑤「自分の強み」

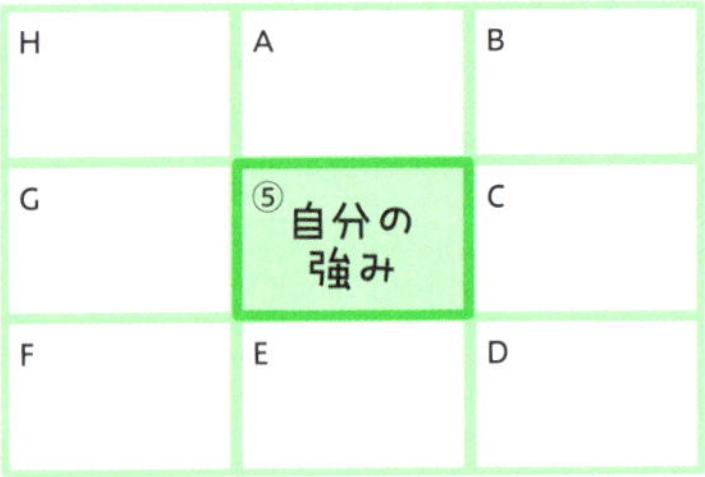

- **人からよく褒められるのはどのようなことですか？**
- **自分が得意なことは何ですか？**
- **誰にも負けないくらい好きなことや興味あることは何ですか？**

自分の弱い部分を探したあとは、
自分の「いいところ」探しです。

「自分にいいところなんてないよ」とか「そんなことを自分で書くなんて、照れくさい」と思うかもしれません。

ですが、ここでは他人のことなど一切気にする必要はありません。客観的に見て、

「これは自分なりにできているような気がする」
「これはけっこう得意だ」
「これをやっているときは、時間を忘れる」
「これは誰にも負けないぐらい好きだと言える自信がある」

というようなことを思い返して、8つ挙げてみましょう。

そして、この「強み」をしっかりと頭の中に刻んでおきましょう。

これが意外と重要です。

今後、落ち込んだとき、へこんだときなど、自分の「強み」を知っていると、

「でも、大丈夫。自分にはこういう強みがあるのだから。それが、きっと自分を助けてくれるはずだ」

という気持ちになり、心を立ち直らせてくれる糧となるのです。

実際、自分の強みを知っている人はいざというときに非常に強いです。

9つの質問⑥「解決したい課題」

H	A	B
G	⑥解決したい問題	C
F	E	D

- 今、不安に感じていることは何ですか？
- 今、困っていることは何ですか？
- 今、自分ができていないことは何ですか？

理想と現状を把握したら、次は自分をとりまく「今」の**外的要因**について探っていきましょう。

ここでは、今、あなたが抱えている「課題」を8つ挙げていきます。

今抱えている問題をしっかりと把握しないままに頑張ろうとしても、潜在的に問題意識があるため、どこかで進もうとする気持ちにブレーキがかかってしまいます。

そこでそれらをすべて明確にしていくのです。

具体的には、金銭、人間関係、時間、環境などでネックになっていることを考えてみましょう。

たとえば、

「今の会社で働き続けていていいのだろうか？」

「貯金が足りない気がする」

など、あなたが心の中で漠然と感じている不安や課題を文字に書き表してみるのです。

そのことによって、「ああ、自分はこのことを悩んでいるのか」とあらためて気づかされることもあるでしょう。

あなたが気になっているモヤモヤしたものを「見える化」することで、不安やモヤモヤした気持ちが、具体的な「課題」に変わります。

「課題」はそのままにしておくと「問題」に変わってしまいますが、明確に認識すると「目標」に変えることができます。

そして課題が明確になる＝「目標」が出来ると、具体的な「策」を講じることができるのです。


やるべきことがはっきりすると、人は意外と不安や恐怖から解放されて、前向きになることができます。

こうして進むべき道、やるべきことがはっきりしてくるのです。

余計なことに迷わされず、目標に向かって一直線に突き進んでいくことができると言えるでしょう。

第3フェーズ＝
目標を設定する

9つの質問⑦「達成したい目標」

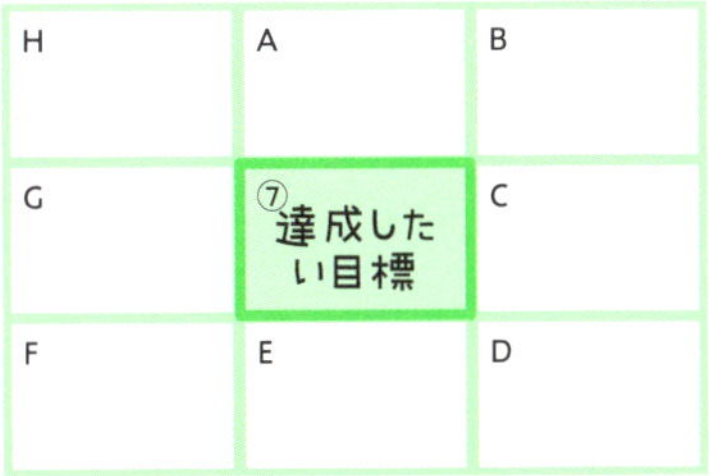

- 1年後、どのようになっていたいですか？
- 1年後、実現させたいことは何ですか？
- どのような目標を達成したら、今抱える課題は解決しますか？

やりたいこと、なりたい自分を知り、今の自分がわかり、さらに今の不安や悩みを棚卸したら、いよいよメインのお題です。

「この1年で達成したい目標」「達成すべき目標」を具体的に考え、8つ挙げてみましょう。

これらの目標は、1で挙げた願望に近づくために行動を起こす自分をつくるもととなります。

「1年後、年収1000万円になりたい」
「大きなプロジェクトを成功させたい」
「本を出版したい」
「赤字を脱出したい」
「サーフィンで波を乗りこなせるようになりたい」

など、仕事でも、プライベートでもいいので、先に書き出した願望に近づくために、1年後どんな目標を達成したいか？ どんな目標を達成すると理想の自分に近づけるか？ 理想の状況に近づけるか？を、具体的に考えてみましょう。

ちなみに、私はかつて

「海の見える大きな家を母にプレゼントする」
「真っ赤な外車を母にプレゼントする」
「世界の舞台で戦える柔道家になる」

などを掲げましたが、それらはいずれものちに実現しています。

のちほど、ここで挙げた8つの行動目標をより具体的に考えていきます。

第4フェーズ＝目標を継続させるための施策

9つの質問⑧「目標達成で得られるもの・発生するメリット」

H	A	B
G	⑧ 達成で得られるもの	C
F	E	D

- 自分自身が得られるメリットやリターンは？
- 周りの人が得られるメリットやリターンは？
- この達成が数年先、最大でどのようなメリットやリターンにつながる可能性が考えられますか？

目標がある程度定まったら、次はそれが達成したことでどのようなメリットが得られるかを明確にしましょう。

別の言葉で言えば、目標を達成することで得られる「快楽」を頭の中で具体的にイメージするのです。

これを達成したら、

何がどう好転するのか？
どんなワクワクが待っているか？
どれだけ賞賛を得られるか？

を考えてみるのです。

なんだか楽しくなってきませんか？

イメージすることは大切だとよく言われますが、自分の成功イメージを思い描くと気分が高揚してきます。

そして、ジワジワと「やる気」が湧いてくるはずです。

どんなに小さな目標であったとしても、達成すると違います。
予想をはるかに超える大きなメリットやリターンが手に入るのです。

こうしたことを事前にイメージすることで、モチベーションをもっと上げることができます。

9つの質問⑨「目標が達成しないことで失うもの・起こり得るリスク」

H	A	B
G	⑨未達で失うもの	C
F	E	D

・（目標が未達だった場合）自分自身にはどのようなリスクやデメリットが生じる可能性がありますか？

・自分の大事な周りの人には、どのようなリスクやデメリットが生じる可能性がありますか？

・この未達が数年先、最大でどのようなリスクやデメリットにつながる可能性が考えられますか？

最後の質問では、目標が達成できなかったときに起こり得るリスクや障害について考えてみます。

それが達成できなかったら、何を失う恐れがあるでしょうか？

収入や昇進のチャンス、信用、プライド、地位、友達など……考えられることはいろいろとあるかもしれません。

ほかには、どのようなリスクやデメリットが生じるかも想定してみましょう。

収入のチャンスを逸することで、欲しいものが買えなくなるかもしれません。

昇進から遠のくこともあるでしょう。

しかし、本当にそれだけで済むでしょうか？

あえて考え得る最悪のシナリオを考えることで「痛み」を具体的に想定してみるのです。

それをあらかじめ頭の中でシミュレーションしておくと、のちのち役に立ちます。

たとえば、やめたくなったとき、目標を見失いそうになったとき、心が折れそうになったときなどに、想定される痛みを思い返してみるのです。
目標達成する過程の苦しさと達成できなかったときのリスクやデメリットを天秤にかけるとも言い換えられます。

たいていの場合は、達成できなかった場合のリスクのほうが大きいですから、

「やっぱりやっておいたほうがいいな」
「やったほうが得だな」

という気持ちになり、

「もう少し頑張ってみようかな」

と持ちこたえることができます。

「リスクを避けたい」
「痛みから逃れたい」

という思いが、頑張る気持ちに火をつけることもあるのです。

STEP

2

やりたいことを習慣化する

まずは「行動」してみよう！

自分の潜在意識と向き合う「大野式マンダラワーク」のシートは出来上がりましたか？

これを眺めることで、あなたのやりたいことやあなた自身の性質、傾向などが明確に見えてきたと思います。

では次は何をするか？

やりたいことを**「習慣化」**する段階です。

「やらなくちゃ！」と構えるのではなく、まるで身体の一部、生活に欠かせないことのひとつとしてそれを浸透させるのです。

「人は習慣によってつくられる。すぐれた結果は、一時的な行動ではなく習慣から生まれる」

これは哲学者・アリストテレスの言葉です。毎日繰り返し行なう行動が、その人の「人となり」をつくり上げていくということですね。なんとなくわかる気がしますね。

一般的に、同じことを継続して21日間続けることができたら、「習慣づけることができた」と言えます。

「でも……3日だって続けるのは大変なのに、ましてや21日も継続するなんて……」とすでにここで心が折れそうになっている方もいらっしゃるかもしれません。

そもそも、人はなぜせっかく目標を立てても、3日坊主になってしまったり、習慣化する前に挫折してしまったりしがちなのでしょうか？

それは、

習慣は「意志」ではつくれない

からです。

つまり、あなたがたとえどんなに意志の強い人間であったとしても、その意志だけでは習慣化することはできない、というわけです。

逆に、途中で挫折することがあったからといって、あなたが「意志の弱い人間」ということにはなりません。こう聞くと、少し安心しませんか？

では、習慣は何によってつくられるのでしょう？

そのひとつが**「仕組み化」**です。

仕組み化とはどのようなものでしょう？

たとえば、朝起きて、顔を洗って、歯を磨いて、服を着替えて……など、朝起きてから、会社に出かけるまでの行動をすべて手順を明確にしておくことです。「マニュアル化」とも言えるかもしれません。

「この場合にはこうする」ということがあらかじめきちんと決まっていたら、毎回、「次は何をするんだっけ？」と頭を使う必要もありません。無意識に、流れるように行動できますよね。それだと、気持ち的にも負担が少ないので、めんどうに感じないでしょう。

先にもお話ししたように、習慣化は自分の意志でどうにかなるものではありません。ですから「仕組み化」してしまうのです。

【1】

まずは、**「9つの質問」⑦で書いた8つの「達成したい目標」のうち、実際にまずやってみたいこと、一番成果を上げたいことを一つ選びます。**

あなたがこの1年で一番こだわりたいこと、出したい結果、到達したい目標です。

もしくは、一番とりかかりやすいこと、はじめやすいものでもいいでしょう。

【2】

それをノートや紙に書き出します。

H 1年以内に出版社に企画を提案	A 1年後収入月10万アップ	B 来年○○の大会で優勝
G 売上月150万	⑦達成したい目標	C トライアスロン1年内に完走
F 月10件の成約	E 来年夏に家族で4泊5日の海外旅行	D 3カ月で5キロやせる

1年後収入
月10万アップ

「9つの質問」⑦「達成したい目標」から一つ選んで書き出す

↓

これを「結果目標」(KGI)といいます

※KGIはKey Goal Indicatorの略

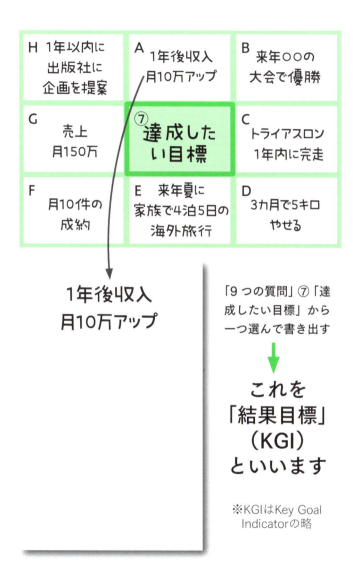

【3】

［1］［2］で選び書き出した目標について、その目標を達成するための**「中間目標」**を3つ書き出します。これを「ＫＰＩ（Key Performance Indicator）」（目標達成のカギを握る指標・数値目標）と言います。

具体的には、

- **どのような数値目標を掲げたら、その目標は達成できますか？**
- **どのような中間目標を設定したら、その目標は達成できそうですか？**
- **どのようなチャレンジ項目を細分化して考えたら、その目標は達成できそうですか？**

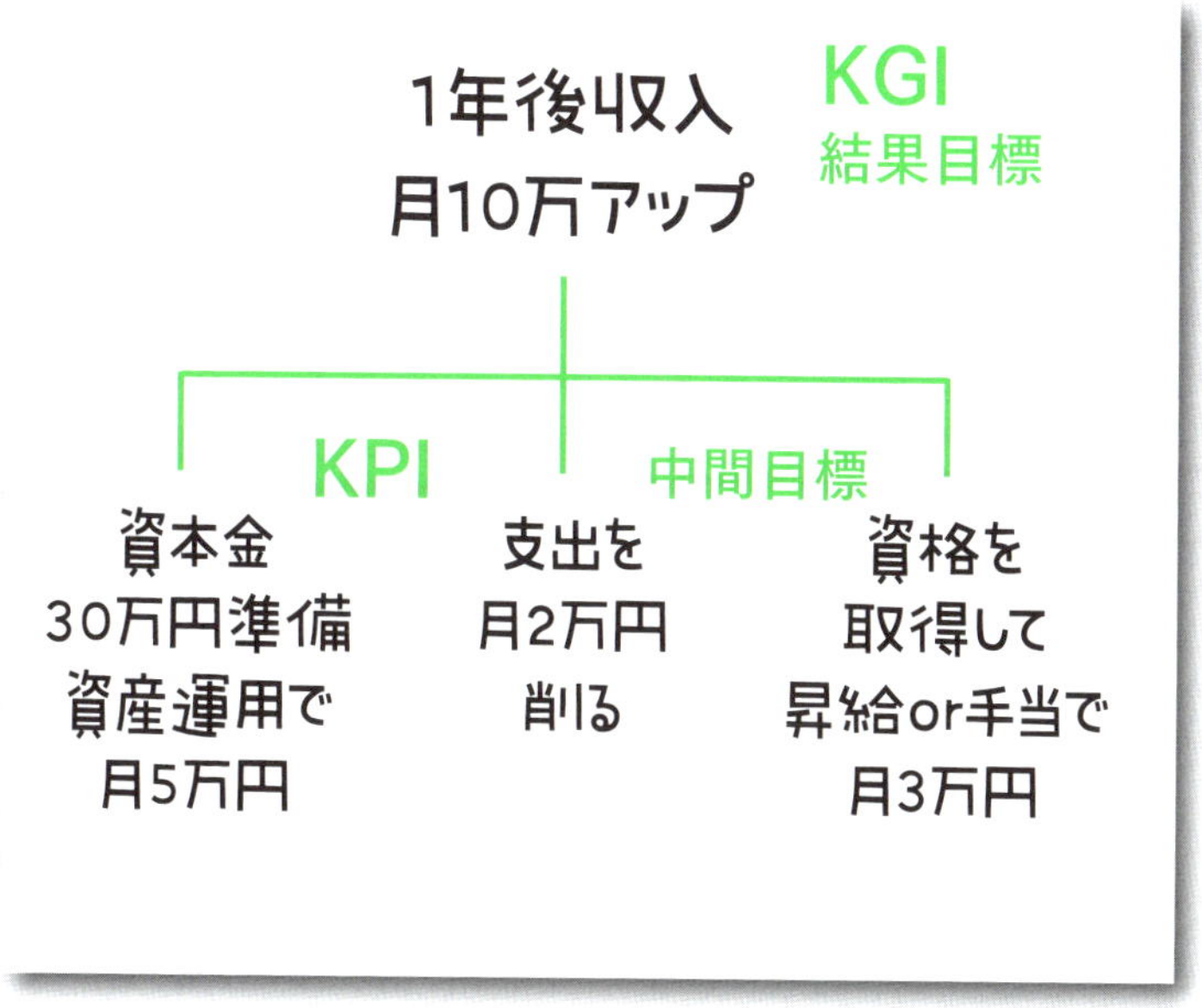

書き出した目標（結果目標）を達成するために必要な
具体的な数値目標を書き出す

↓

これを「中間目標」
（KPI）といいます

※KPIはKey Performance Indicatorの略

【4】

［3］で書き出した3つの「中間目標」のそれぞれについて、それを具体的に実行する項目（**行動目標**）を2つずつ書き出していきます。これを「KPA（Key Performance Action）」（目標達成のカギを握る行動）と言います。

具体的には、

- **どのようなことをすれば、その目標は達成できますか？**
- **目標達成のために、どのようなチャレンジすればいいですか？**
- **どれくらいの回数をこなせば、目標達成できそうですか？**

というようなことを考えていきます。

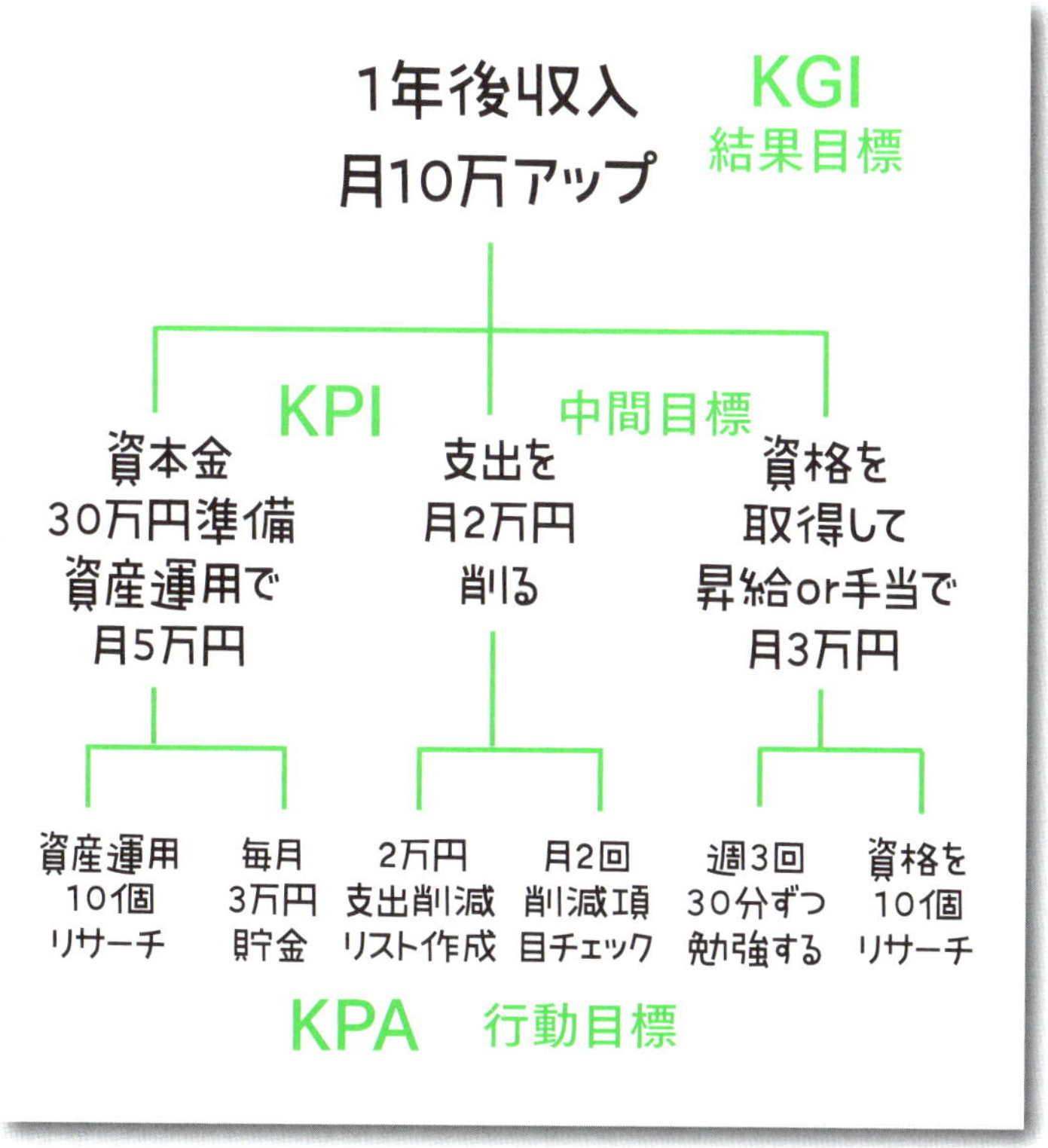

書き出した数値目標を達成するために必要な
具体的な実行項目を書き出す

↓

これを「行動目標」(KPA)といいます

※KPAはKey Performance Actionの略

人はたいてい漠然とした、抽象度の高い事柄を目標に掲げがちです。

ですから、それを自分で実際に行動を起こすためには、「数値化」していきます。

ここで大切なポイントは、**「自分でコントロールできる具体的な行動」**を設定するということ。

他人の力を借りなければ達成できないことではなく、自分自身が行動を起こすことで達成できることを掲げるのです。


たとえば、「売上50万円を目指す！」という目標を掲げたとします。

これだとまだ抽象的ですよね。

そこで、50万円を達成するためにはどのような中間目標に細分化すればより達成率を高めることができるか？　行動の難易度を下げてチャレンジすることができるか？を考えます。

50万円の売り上げの内訳は？

たとえば、「商品Aで売上35万円」、「商品Bで売上15万円」、と一つひとつ細分化しながら考えていきます。

「35万円＋15万円」を目指すのと、一気に50万円の売り上げを目指すのではどちらが着手しやすいと思いますか？　そう、細かく分割した目標のほうがイメージもしやすいし、やりやすそうですよね。

次に、細分化した目標を達成するために、どんな行動を起こせばいいか？を考えます。

先の例で言えば、「商品Aで売上35万円」「商品Bで売上15万円」という2つの中間目標（売上）を達成するために、具体的に何ができるか？　どんなアクションを起こせばいいか？を2つずつ考えていきます。

たとえば、「週3回、SNSに投稿する」「週に10枚ハガキを書く」など、実際の数字を挙げていくと、ぐっと具体性が高まり、行動を起こしやすくなるでしょう。

これらを考える際も、時間を決めて考えると効果的です。

【1】

1つの「結果目標」に対し、3つの「中間目標」を書き出すのを**2分**で行ないます。

【2】

次に、3つの中間目標に対して、それぞれ「行動目標」を2つずつ、**1個の中間目標につき1分**で書き出します。**合計6分**です。

合計8分で3つの「中間目標」と6個の「行動目標」が挙がります。

先と同じく、**修正したい場合には、消しゴム等で消去せず、斜線などで消して余白に書き直しましょう**。

そして、1つの結果目標に対して6つ挙がった「行動目標」から最も効果的なもの、または達成できそうなものを3つ選びます。

この3つを**「チャレンジ項目」**として、実際に**習慣化**できるようにしましょう。

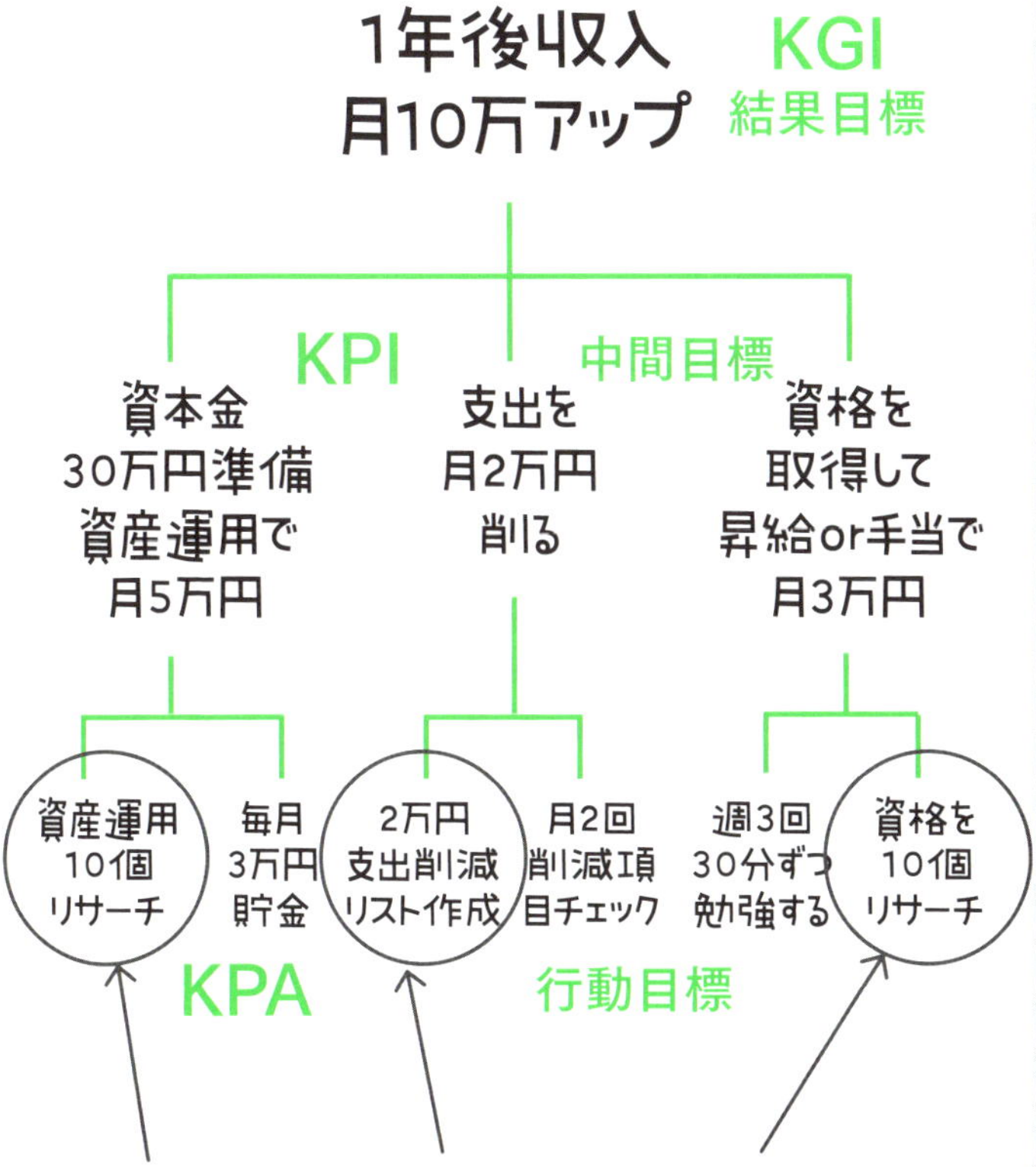

行動目標の中から3つを
「チャレンジ項目」として
選び、習慣化に挑戦しよう！

「やる気」が続く
ふたつの
〝おまじない〟

ここで、ひとつの行動を習慣づけるために、ぜひやっていただきたいことをふたつご紹介したいと思います。

ちょっとくじけそうになったときに、このふたつを思い出すだけで、やる気がふたたびわいてくるでしょう。

①「達成したあとには こんないいことが待っている！」

達成したことで得られる「メリット」を考える

まずはチャレンジする前に、これをやり遂げたことで得られる
「いいこと」
や、そもそも
「何のために」
このチャレンジをするのかを考えてみましょう。

どのようなプラスの変化や成果が得られるでしょうか。達成したあとに感じられるワクワク感や充実感をシミュレーションしてみるのです。

そのことにより、「毎日やらねばならない」という気持ちが、「この気分を実際に味わうためにもやってみよう！」に変化していくはずです。

そして、「なぜ習慣化したいのか？」という根底となる目標についても思い返してみましょう。

先の例で言えば、「週3回SNSに投稿する」という目標を達成したいのはなぜか？を考え直すのです。「月50万円売り上げる」という目標のために、さらには50万円の売り上げを達成した先にあるメリットのために頑張るのだ、ということを思い出すと、頑張る力もわいてくるでしょう。

ゴールに向かって走る気力がふたたび生まれてくるのです。

②「チャレンジしている自分はすごい！」

60%できたらGOOD！

チャレンジしようとしている自分を、まずはおおいにほめてあげましょう。

「完璧」にやろうとしないことです。

6割できたら上出来！

8割達成したら、「すばらしい！」

チャレンジしていることで、すでに座布団2枚はもらえます。

「最低でもこれだけできたらＯＫ！」という基準をあらかじめ定めておきましょう。

「松竹梅」ではありませんが、

「このくらいまでいったら６割クリア」

「このレベルまでできたら８割ＯＫ」

と決めておくと、ハードルも下がるでしょう。


そして、より前向きに取り組むことができるはずです。

習慣化の２ステップ

【１】まずは１週間！

ここまでで、3つの「達成したい目標」について、「中間目標」2つをそれぞれ選びました。

また、2つの中間目標について、それぞれ2つの具体的な「行動目標」を決めることができました。

さらに「行動目標」のうち1番重要なもの、やりやすそうなもの、チャレンジしてみたいものを3つ、「チャレンジ項目」として選びましたね。

いよいよ、この**「チャレンジ項目」を、日々の習慣にしてみましょう**。

2ステップで、取り組みやすくした具体的な方法を、ご紹介します。

まずは1週間（7日間）で、達成感を味わおう

選んだ3つの「チャレンジ項目」の中から、もっともやりたいこと、優先順位の高いものをまずはひとつ選びます。それを7日間続けましょう。

1週間続けていくための秘訣は3つあります。

①やれそうなこと、やってみたいことからチャレンジしてみる

つい「できないこと」をなんとか頑張ってやれるようにしよう、と考えがちです。けれども、それだと「義務感」が先に立ってしまい、やる気がわいてきにくいでし

ょう。

それよりも、「これならやりたいな」「これはやれそうだな」と思えることを選ぶのです。

②毎日誰かに「報告」しよう

自分だけで完結しようとすると、「誰も見ていないしいいか」「今日くらいは休もう」という怠け心が生まれやすくなります。

そこで、「他人の目」を利用しましょう。

毎日やり終わったら報告する仕組みをつくるのです。

もし毎日顔を合わせる相手であれば、口頭で「今日の分、終わったよ」と伝えるのでもいいですし、「ライン」などのＳＮＳを利用して、報告するのもいいでしょう。

もしくはカレンダーにチェックしたり、シールやスタンプを貼ったりする方法でも構いません。

「誰かに見られている」「記録しなければ」という気持ちがやる気を駆り立ててくれます。

③毎日決まった時間にやる

人はつい「空き時間に行なえばいい」と考えがちですが、このようなやり方だと、忙しいときや何か別のことにとらわれていたりするとつい忘れがちです。そこで、「それを行なうための時間を事前に空けておく」のです。

「朝起きて、ごはんを食べる前に行なう」「夜、寝る前にやる」など、曜日や時間帯を一定させ、一日のスケジュールの中にしっかりと組み込んでおきましょう。できれば、スケジュール帳に書き込んでおくことをおすすめします。

この一歩こそ、未来の大きな変化への第一歩

7日間継続できたら、行動できた自分をほめてあげましょう。

なぜなら、「最初の一歩」を踏み出すことに成功したからです。

この「一歩」こそ「偉大な一歩」。

小さな前進が未来の大きな変化へとつながっていくのです。

このひとつの習慣が先に考えた3つの目標達成の足がかりとなるはずです。

そう考えると、**今は小さな一歩ではありますが、将来的には大きな一歩なのです。**

7日目には、これまでの行動の「振り返り」を行ないましょう。

ひとつの行動をチャレンジする前と後で、どのような変化があったでしょう？

言ってみれば、「ビフォーアフター」のチェックです。

これまで通りの1週間と、この作業を行ない、自分のやりたいことを具体化した1週間。何か気づいたことや感じたことはありませんか？

たとえば、「毎日腹筋を30回」を掲げた人が7日間で筋肉隆々になることはまずありません。

でも、「生活にメリハリができた」「気分がスッキリした」「自分がやれるのだという自信がついた」など、生活面、メンタル面での変化があるかもしれません。

それも立派な「メリット」であり、大きな「進歩」です。こうしたうれしい気持ち、前向きな心情が次への行動の起爆剤、原動力になっていくのです。

次に、それが3週間達成できたときの自分の姿を想像してみましょう。

21日間継続したことで手に入ったこと、気づいたことはどのようなことでしょう。また、気持ちの変化などにもフォーカスしてみるのです。

たとえば、腹筋30回を3週間続けることができたなら……？　腹筋が鍛えられ、ウエストがくびれるかもしれません。きつかったパンツがスッとはけるようになるかもしれませんし、会社の同僚から「やせた?」と言われることもあるでしょう。姿勢がよくなる? イキイキして元気そうに見える? 自分に自信がついて、もっと自分が好きになるかもしれません。

目標達成のための習慣化に成功した自分をイメージすることは非常に重要です。残り2週間を継続するための強いモチベーションにもなっていくでしょう。

1週間の習慣化に成功したら、やがて1年間を思い通りに過ごすことができるようになります。

1年間は分解して考えると、1週間が52回集まったもの。

1週間をコントロールできるようになったら、1週間を4回繰り返した1カ月をコントロールできたことになります。

さらに言えば、1カ月を12回繰り返した1年間をコントロールできるとも言えるのです。**「1週間を制するものは1年を制する」**というわけです。

スケジュールを自分の思い通りに操れるなんて、こんなに気分のいいことはないと思いませんか？

自分の人生を先取りし、デザインする。そのような気持ちで習慣化に取り組んでいただけたら、と私は思います。

1週間続かなかったという方へ

できないことはよくあること。失敗でも負けでもありません。

ここで気落ちしてあきらめないでください。ここでやめてしまったら挫折したことになるかもしれませんが、再度チャレンジしたらそれは挫折に値しません。

そもそも、あなたはここまで作業を進めてきたのですから「ゼロ」ではありません。すでに前進しているのです。**人生が変わる「種」をすでにまいた状態**とも言えるでしょう。種をまいたら、水をやり、あとは芽を出るのを待つだけ。「芽が出る」とは、この場合、「再チャレンジしてみる」ということです。

落ち込まず、またやってみましょう。

ここで大切なのは、「加点法」で考えること。

「なぜできなかったのか？」と自分を追い込んだり責めたりするのではなく、「7日間は続かなかったけれど、何ができたか？」「今回できなかったことで気づいたことは何か？」など、「プラス」になった出来事を考えるのです。

そして、「どうしたら次はやりきることができるか？」「何を工夫すればいいか？」を考え直してみましょう。


最後に、もう一度思い返してみてください。

設定した目標が1週間続いたら、どのような気持ちになると思いますか？

きっと清々しい気持ちになって、自分が一歩成長したような気分を味わえますよね。

まずは達成感を味わってみませんか？

習慣化の2ステップ
［2］21日間で完成！

習慣が身体にじわじわ染み込んでいくのを体感しよう！

ひとつの行動を1週間続けることに成功しましたね。

おめでとうございます！

それだけでも、十分この本を手に取っていただいた価値があると思います。自信を持ってください。

次の週からは、チャレンジ項目をもう2つ増やしてみましょう。

毎日やることでもいいですし、週に1回行なうことでも大丈夫です。

それを次の2週間行なってみましょう。

ここでは、**21日間続けていくためのポイント**をご紹介したいと思います。

①「3週間」ではなく、「1週間×3回」と考える

「次は3週間続けるぞ!」と意気込むと、無意識のうちに「難易度の高いことに挑戦するのだ」という意識を持ってしまいがちです。

21日を3週間と考えるのではなく、1週間×3回の塊だととらえてみましょう。

「1週間続けられたことを3回繰り返す」だけです。

一度達成した成功体験があるのですから、簡単です。

一度成功したことを、あと2回繰り返すだけ。

追加したチャレンジ項目も「まずは1週間」という気持ちで臨みましょう。

このくらいの気持ちではじめると、かなり楽になるはずです。

②続いたときの「ご褒美」を用意しておく

1週間続いただけでもすごいのですから、それが3回続いたら……?

ぜひとも自分にご褒美をあげましょう。

たとえば、「以前から行ってみたいと思っていたレストランでランチをする」「いつもより少し予算をアップして食事に行く」などあらかじめ決めておくのです。

それがモチベーションになることも多いものです。

また、誰かと一緒に行なう場合には、「目標を達成したら、一緒に行きたかったお店で乾杯しよう」「ケーキバイキングに行こう」など、相手とあらかじめ約束しておくと頑張れるかもしれません。

普段、「これはちょっと我慢しておこうかな」と思っているようなことを解禁できるようにすると、お互いにモチベーションが高まるでしょう。

③1週間続いた「理由」を考えてみる

人は「できなかったこと」はあれこれ考えることができるのに、意外にも「できたこと」についてはスルーしてしまいがちです。

そこで、1週間続いた理由を考えてみましょう。

あわせて、1週間続いたことによるメリットも探してみるのです。

そのことにより、1週間続いたという達成感をあらためて実感できるでしょう。

また、できた自分を評価できるようにもなるはずです。

「1週間続いたことで得たものはなにか？」

「1週間を振り返って気づいたものは？」

を紙に書き出してみるのもいいかもしれません。

人は褒められたり、いい気分を味わったりすると、また同じ気持ちを経験したいと思うものです。自然とモチベーションも高まっていくでしょう。

④毎朝「振り返り」をしてみる

2週間目からは、毎日「予行」をしてみましょう。

朝、一日の行動をする前に今日やることをあらかじめイメージしてみるのです。実際に行動する前に、まずは今日一日のスケジュールを朝から晩まで、順を追ってシミュレーションしましょう。

もちろん「チャレンジ項目」を実施している自分を思い描くことを忘れずに。

3週間続かなかった、という方へ

3週間続けるのはなかなか難しいですよね。わかります。

でも、大丈夫。

あなたは1週間続けるという成功体験はすでに手に入れています。

ですから、「できなかった」と悔やんだり、「続けられなかった」と落ち込んだりする必要はまったくありません。

重要なのは、「次」に成果を出すこと。

ただ、それだけです。

では、次に成果を出すためにはどうすればいいでしょう?

それは**「分析」**することです。

1週間は続けることができたのに、3週間は続かなかった……。この「差」は何でしょう？

そこを改善することが3週間続く道へとつながるかもしれません。

具体的な対策を講じることが次への一歩につながります。

習慣化したい行動を**「どうしてできなかったのだろう？」ではなく、「どうしたらできるだろう？」と考えてみましょう**。

そのために、さまざまな角度から見直し、分析してみるのもひとつの方法です。そうして、ハードルを少し下げるのです。

たとえば、「毎朝5時30分に起きる」ということを目標にしていた場合。

起きられなかった理由はいくつか考えられるでしょう。

「前の日の晩に寝るのが遅かった」

「目覚まし時計の音が聞こえなかったから」

「二度寝をしてしまったから」

……などです。

たとえば、「寝るのが遅かったから朝起きられなかった」のであれば、夜寝る時間を今より15分早める、もしくは何時に寝るかをあらかじめ決めておく、という方法が考えられます。

もしくは、条件を少しゆるくして、起床時間を少し遅くしてもいいかもしれません。5時半から6時に変更するなどして、「この時間なら起きられそうだ」と思えるのもひとつの手です。

ほかには、「起きたらまず何をするか?」をあらかじめ決めておくのも有効です。人は目的があると早起きも苦にならないでしょう。

たとえば、「朝、起きたら10分読書する」と決めたら、「どの本を読むか?」なども具体的に決めておくとよりいいと思います。

もし「目覚まし時計の音が聞こえなかった」のであれば、大きな音の鳴る目覚まし時計を新たに買ったり、スマートフォン（スマホ）のアラームも追加したりすることを考えてもいいでしょう。

誰かと一緒に早起きに取り組んでみるのもいいでしょう。

たとえば、朝早く起きたほうがラインなどで起きた報告をする、起床時間を過ぎても連絡がなかったら電話をして起こすなどの方法が考えられるでしょう。

このように、**目標を達成するための行動を考え直してみる**のです。

同じことを繰り返していくと、だんだんと「慣れ」「惰性」や「飽き」がくるのはたしかです。

つい油断してやる気を失う、というのもよく聞く話です。

そこで、**この行動が身に沁みついて習慣化できたら、どのようないい変化がもたらされるのか?**を折に触れ考えてほしいと思います。

この行動が、3週間だけではなく、3カ月、1年、3年、10年と続いたら……?

人生にどのような影響が生まれるでしょうか。

続けることのメリット、そしてやらなかった場合のデメリットなどを今一度考え直してみましょう。

「もう少し頑張ってみようかな」

という気持ちが生まれてくるはずです。

3週間続いたら、まずは「習慣化」できたと言えるでしょう。

おめでとうございます!!

そうしたら、

次は3カ月を目指してみましょう。

90日間続いたら「本物」です。

「習慣化マイスター」と言えるでしょう。

あなたがたどり着いた方法を、ぜひ、ほかの人たちにも教えてあげてみてください。

さらにいろいろなアイデアや、習慣を定着させるための方法が浮かんでくるはずです。

大野メソッドを体験して

メンタルが変わると姿勢が変わる——前人未到の3年連続得点王に！

サッカー元日本代表　ジュビロ磐田　大久保 嘉人選手

大野さんにパートナーとしてサポートしてもらい始めたのは、2010年のまさにどん底の時で、もうこれ以上下がりようがない、という時期でした。チームのコンディションも、そして自分自身も絶不調。何もかもが悪いことはわかっていた。でも、当時の自分にはまだ、明確にこれ！という目標もなかったと思う。ただ、「何かしなければ」という漠然とした意識だけはありました。そうしないと自分は終わる。何か違うことをしなければ引退に追いやられる、という焦りだけが頭の中を渦巻いていましたね。

そこで、もともと知り合いだった大野さんにサポートをお願いすることにしました。

それまでの俺は、一切他人の意見に耳を傾けることをしませんでした。いくら上の人に「嘉人はプレー前の準備をやったら、もっとよくなるよ」と言われても、筋トレルームに足を踏み入れることすらしませんでした。そんな僕が、大野さんのサポートを受けるためにわざわざ週に1度、大阪まで行ったのです。思わぬ行動力に、自分でもびっくりでした。今思えば、自分が変わりはじめたのはそのときからでした。

一番の変化は、なんと言ってもメンタル面です。これが本当に大きかった。ハッキリとした目標もなかった自分が、まず「1年以内にJ1で100ゴールを目指したい！」と思えるようになったのです。でも、それを聞いた周囲の多くの人は「そんなの無理だよ」と思ったと思います。当時はまだ89ゴールくらいでした。前の年も9ゴールしかしていなかったので、同じペースでいけば、目標は達成できない。でも、なんとしてでも絶対に100ゴールを達成したい。そこで、今の自分に何が足りないか？を考えるようになりました。

まず、シュート練習のやり方を変えました。通常、どのチームでも練習時はディフェンスがいないので、ボールをトラップしてゴールに向かって打つだけです。でも、それは本当の試合では通用しません。そこで、常に試合をイメージしながら練習を行なうようにしました。トラップを正確に止め、どのタイミングでキーパーやゴールの位置を見るかを考えながら、より速くシュートを決める。

それをひたすら続けていたら、自信がわいてきました。「俺にボールを出してくれたら、俺が決める。3本に1本は絶対に入る！」と今までよりも強く思えるようになったんです。シュートが入らないときは入らない。けれど、もう1回やったら次は入るぞ！と考えられるようになり、チームの仲間にもそう伝え、要求するようになりました。

目標を明確にして意識するようになることで一番感じた変化は、J1で100ゴール達成する！ことに「欲」が出てきたことです。「もっとやりたい！」という気持ちがわいてきました。J1での100ゴールは達成することができたので、現在は何としても、J1での200ゴールを目指しています。それももう16ゴールを残すのみです。

もうひとつ拘っている目標は、「40歳までプロサッカー選手として活躍する」です。実は、以前は30歳でサッカー辞めようと思っていました。でも、大野さんと目標を立ててチャレンジしてきたことで、今はなんとしてでも40歳までは現役を続けたいと思っています。その気持ちは、年を経るほどに強くなっています。大きな要因は子どもたちも最近サッカーにはまっているので、いつか彼らと一緒にピッチに立ちたい。そんな夢も描くようになりました。

メンタル面の変化はフィジカル面にも成果が出ました。身体の故障が格段に少なくなったことです。それは練習に取り組む意識が関係しているのだと思います。これまでは、練習なんてただ走ってやればいいや、くらいの感覚でした。肉離れしてもそのまま試合に出場したこともありました。しかし、自分で何をやればいいのかが見えてきてから、質の高い練習ができるようになった。それが身体にもあらわれてきたのでしょう。サポートを受け始めた頃、嫁さんにも「最近ぎっくり腰にならなくなったね」と驚かれたことがありました。

取り組み方が変わると、姿勢が変わった。するとそれが結果としてもあらわれました。

以前いたチームではチーム事情などもあり、1シーズンに4点しか得点できないこともあったけど、2012年には移籍先の川崎フロンターレで26得点をあげることができました。そして、Ｊ１での３年連続得点王を獲得することにつながりました。
２０１４年にはブラジルＷ杯に日本代表として選ばれました。

メンタルが変わると、姿勢が変わる。
姿勢が変わると、行動が変わる。
行動が変わると、結果も変わる。

こうして話しながら改めて「目標を持つ」ことや「メンタル面の変化」って本当に重要なんだなって感じました。ここからまだまだ40歳まで現役で頑張って、Ｊ１で２００ゴール達成できるように頑張ります。

日々の成功体験の積み重ねで仕事が楽しく、しかも売り上げ倍増！

フットボールナビゲーション株式会社　代表取締役　仲里 航

私は高校卒業後、プロッカー選手として5年、サッカー関連の仕事に3年就いたのちに起業しました。主に、大人向けサッカースクールの運営事業、スポーツイベントの企画事業、児童発達支援事業などを行なっています。

会社設立当初は、売上もまったくなく、会員も獲得できず苦しい状況が続いていました。今考えると、自分の理想や夢ばかりを語り、現実に向き合えていなかったと思います。

そのような状況が続くなか、大野さんとマンダラシートに出会い、そこから人生が変わっていきました。

最初は、興味本位ではじめました。正直、半信半疑な部分もありました。けれど、毎日自分と向き合い、夢や目標を達成するためにはどうしたらいいか？を考えるようになっていったのです。これまでの自分や今の自分と向き合い、さらにこれからの「なりたい自分」を考え、「こうなりたい」と決めることができました。今の自分に足りないものを知り、それを補おうとするからこそ努力ができる。そのことが大切なのだと学びました。

考えるだけではダメで、実際に行動へ結びつける自己管理も必要なことを知りました。出したい結果のためにやるべきこと、優先順位を考えてスケジュールに組み込み、実行していくようになりました。

このマンダラシートのすばらしいことは、

目標を決め
↓やるべきことを決め
↓決めたことをやる
↓検証、改善する

このサイクルが理解できることです。

↓やり続ける

日々の小さな成功体験をつくれることで自信が深まり、次第に仕事が楽しくて仕方なくなってきました。すると、少しずつ事業も右肩上がりの結果をもたらすようになってきたのです。集客に苦戦していたクラスが満員に達成したときには、何とも言えない充実感を味わいました。その日はコンビニで買った発泡酒で祝杯をあげました。格別に美味しかったです。

この小さな成功体験が、現在の自分の礎《いしずえ》となっています。何事も最初から成功はありませんが、実践、行動することで、着実に階段を登ることができます。夢やなりたい自分に近づくことができるのだと思います。

会社を立ち上げて9年目になりますが、おかげさまで今ではスポーツ事業以外の新事業にも挑戦し、ゆっくりとですが成長を続けています。ゼロの状態から、今では社員も雇用でき、新しい事業なども自分で立ち上げられるようになってきました。

自分が経験したことを、マンダラシートを通じてぜひ皆さまにも体験していただきたいです。

まずは、小さな一歩から。

この方法は、経営者のみならず、すべての人に活用できるものです。

私もまだまだ夢の途中。身近な方々と高め合いながら、頑張っていきます！

誰にでも夢をかなえるための方法はある！

NPO法人 ユナイテッド平野スポーツクラブ 元代表コーチ　伊沢 光大

「夢や目標って、誰でもかなえるための方法があるんだ！」

大野式マンダラワークに出会ってこう気づいたとき、自分の中にあるリミッターが外れた気がしました。

大野さんと出会ったことによって、3つの大きな変化が起こりました。

1．タイムマネジメントができるようになった

以前は、その日その日をこなすばかりで時間管理をまったくしていませんでした。大野さんと出会って「時間が〝ない〟ではない。時間は自らつくるもの」と学んだので

す。マンダラシートを活用することで、なりたい自分を明確に描き、具体的な行動を1年、1ヶ月、1週間、1日単位に落とし込めるようになりました。その結果、仕事の効率がグッと上がりました。

2. 目標を明確にし、自分を知ることができた

自分自身を知ることで、ポジティブな性格がかえって自分を苦しめていることにも気づきました。「なんとかなる」と考えるあまりに、そもそも明確な目標を立てていませんでした。また、失敗したときにもその理由や何がどのくらい足りなかったのか？を考えることもしませんでした。その結果、新しくオープンしたサッカースクールをつぶすことになりました。失敗を失敗で終わらせてしまっていたのです。自分自身を知ることでそれに気づき、明確な目標を立てて実行することができるようになりました。

3. 他人との関わり方が良好になった

かつては、自分の視点で相手に共感したり、反論したりしがちでした。相手は「自

分のことを理解してくれていない」と感じていたようです。そのことに気づいてからは、自然と相手の意見を尊重するようになりました。今では、自分と異なる意見も受け入れられるようになり、お互いにとってベストな方法は何か?を考えられるようになりました。その結果、お互いにウィンウィンの関係を築けるようになったのです。

これらの変化が起こったあと、会社は顧客数を2倍に伸ばすことに成功しました。

「できること」に目を向けたら、仕事の幅が増えた

ドリームファクトリー株式会社　本部事務長　倉本 信平

これまでに5社ほど経理のスタッフとして働いていましたが、うつ病や体調不良などを発症しいずれも長続きしませんでした。「自分は必要のない人間ではないか」と自信を失っていた時期もありました。そのようなとき、大野社長のいる今の会社に出会いました。

マンダラシートを利用することで、自分の「できないこと」にばかり囚《とら》われていたことに気づき、「できること」に目を向けられるようになりました。そのことで、自分に自信が持てるようになってきたのです。この変化は、自分の人生の中でも非常に大きなものでした。また、できないことを見つけたとき、「できないことをできるように

するにはどうすればよいか?」と前向きに考えられるようにもなりました。

その結果、社内外の人たちから信頼してもらえるようになりました。何よりも社長から大きな信頼を寄せていただき、重要なポストを任せていただき、大きなプロジェクトにも参加させていただいております。仕事も、経理以外に財務、労務、総務、法務、助成金業務なども任せられるようになりました。

また、自分は話を聴かない傾向にあったようです。以前の私を知っている人たちからは、「人の話を聴くようになったね」「落ち着きが出てきた」「話がとてもわかりやすくなった」と言ってもらえるようにもなりました。

自分がこんなにも変われるなんて、前からは想像もつかない進歩だと、自分でもびっくりしています。

今では、自分には無理だと諦めてしまっていたたくさんの夢や目標を堂々と発信し、その中のいくつかはすでに実現しました。これからもっと自分みがきをして、やりたいことを実現していきたいと思っています。

思考、行動、判断、選択のスキルが鍛えられる「魔法の一手」

結鍼灸整骨院　院長　越川 朋織

以前の私は、目の前の生活で精一杯。大きな野望はある。でも一向に近付けない。でも……いつかは……と悶々と考えてばかりでした。大切なことは何か？　本当に必要なスキルは何か？　「魔法の一手」を求め、さまざまなセミナー等を受講していました。

そのようなとき、大野先生の目標達成セミナーを受講し、本当に大切なのは、本当に得たかったのは場当たり的な答えではなく、「どんな状況でも自分自身で答えを導き出せる能力、そしてその答えにたどり着くまでのプロセス」すなわち「自分自身のスペックを高めること」なんだということに気づかされたのです。

大野式マンダラワークを活用することで、思考をしっかりと整理できるようになりました。

目標を一段ずつクリアし、達成できる自分になれるよう、思考、行動、判断、選択のスキルを鍛える。それこそが「魔法の一手」だったのです。このことに気づき、コツコツ実践してに入れたそれらの能力は私にとってかけがえのない財産です。

現在、一人治療院を開業して1年半が経ちました。お陰様で予約率は安定して80パーセントを超えています。「もっとよいことを」「もっと喜んでもらえることを」「もっと頼られるようなことを」という考えがプラスの効果を生んでいるのだと思います。

次の目標は、「後進の育成」です。自分が教えて（鍛えて）いただいた「魔法の一手」を新しく入ったスタッフに伝えることです。

「欲望（お金や物）に素直に生きるのは大切なこと」

欲望を隠そうとするから、抑えようとするから、かえって道が見えなくなる。それに見合う「人として魅力的な自分」になればいいだけ。**答えはたったひとつ。でも道筋は多数。その道を選択する一手、正しい一歩、揺るがない基準。**

それらを鍛えてくれた、最高の先生です。

明確な目標を持ち、取り組む姿勢を変えれば、見える世界は変わる！

元パナソニック野球部キャプテン　森 志朗

・大学時代　最高成績
3回生春 神宮大会準優勝（2番セカンドで出場）／3回生時に全日本代表選抜
（個人成績）関西学生リーグ ベストナイン4回／3回生春リーグ戦 首位打者

・社会人時代（7年在籍）成績
2013・2014年 都市対抗 ベスト8／2012・2014年 日本選手権 ベスト4
（個人成績）近畿地区 ベストナイン6回選出／2年目に全日本代表に選抜

大野さんから学ぶ前、現役時代の私は、近畿大学野球部で神宮大会で準優勝し、全日本代表選抜メンバーにも選ばれ、リーグ戦では首位打者も獲得、その後は社会人時代は名門、パナソニック野球部に所属し日本選手権で2度ベスト4に進出することができました。社会人2年目には全日本代表チームに選抜していただきプレーしました。

ここまで多くの挫折も経験しましたが輝かしい結果も出してこれた野球選手を自分も引退する時が訪れ、現役を引退することになりました。

私は引退後のセカンドキャリアを、所属していたチームの会社でスタートすることに決めました。

しかし、今の仕事を始めてからというもの、明確な目標を持つ事なく、ただただ毎日行き当たりばったりで、目の前にやってくる仕事を処理する日々が続きました。

最初はセカンドキャリアでも輝きたい！という想いで日々必死に仕事をしていたので気がつきませんでしたが、ふと振り返ると引退して約4年が経ち、一通り自分だけで仕事が回せるようになって来た頃から、目標もなく毎日過ごしてる自分に気づき、「このままではまずい」と急に不安を感じ始めました。

そんな時にちょうど、Facebookでもともと知り合いだった大野さんが開催している『目標を達成する「7つの法則」』セミナーを開催しているのを見つけて、これだ！と思いすぐに連絡しました。「目標の達成」というフレーズと、セミナー会場が職場の近くだったということもあり、導かれるように参加しました。

そこで学んだ内容は、当時の自分のためにあったかのような内容で、自分に向き合えてないことにすぐ気づくことができました。

マンダラシートや手帳を活用し、自分自身ととことん向き合うことで、それまで気がつけていなかった「本当に自分が望んでいること」にも気づくことができました。

自分と向き合う時間が増えるにつれ、改めて自分は「人の役に立つ事がやりたい」という事を再認識しました。その気づきによって、それまで受け身一辺倒でやっていた仕事に対して「どれだけ相手に価値を提供できるか」という積極的な姿勢に切り替えたことで、それまでと全く同じ仕事をしているのにも関わらず、やりがいを見出し、一時は退職することも考えていたことが嘘のように、仕事が楽しいと感じることができるようになったことは、自分でも驚きでした。

明確な目標を持ち、取り組む姿勢を変えれば、見える世界が変わるんだと気がつきました。

とはいえ、今はまだまだ日常に引き戻されそうになることも多く、目の前のことに追われることも多々ありますが、学ぶだけですぐに成果が出るような魔法みたいなものなどなく、気合などといった不確かなものに頼るのでもなく、「仕組み」を活用し自分と向き合うことで自らの行動をコントロールする。目標設定の仕組み、そして目標達成の仕組みを使ってこれから色んなものを達成していきたいと思います。

「達成するまでやり続ける」そうすれば今は失敗に思える事も、最終的には達成するために必要な経験だったと笑い話にできる。

これからも失敗を恐れず、むしろ失敗することを前提で、いろんなことにチャレンジし続けていきたいと思います。

おわりに

ここまでお読みいただき、ありがとうございます。

このマンダラシートを活用することで人生が好転した人をこれまでに数多く見てきました。

そして、私こそがこの「大野式マンダラワーク」の効果をもっとも実感しているひとりでもあります。

これまで数々の壁にぶち当たってきましたが、それを乗り越えることができたのは、このマンダラワークを最大限に活用し、自分自身と向き合ってきたからだと、私は確信しています。

ここで少し、私の話をさせていただきたいと思います。

振り返ってみると、私のこれまでの人生は進むところ「壁」だらけでした。なかでも、人生最大の壁は３つありました。

第一の壁は、大学2年のとき。

津山市の片田舎にある作陽高校柔道部から強豪ぞろいの天理大学柔道部に入部し、とにかくがむしゃらに頑張って、レギュラーの座まであと一歩というところまでたどり着いたのです。まさに今こそ「勝負」のとき。私は燃えました。

そんななか、あろうことか、ちょっとした拍子に右ひざに大ケガをしてしまったのです。病院に行くと、10カ月のリハビリを言い渡されました。ダメ押しは、「復帰したところで、試合に出ることは難しい」というひと言でした。大学4年には実質の引退ですから、これから大学3年までの間に結果を出さなければいけないのに。リハビリを終え、復帰したところで、レギュラーの保障は何もありません。「ああ、俺の大学でのキャリアは終わったな……」と正直思いました。

しかし、結果的には、膝をケガしたことが功を奏し、復帰後レギュラーの座を勝ち取ることができました。なぜそれが可能だったか?を考えてみると、視点をガラリと変えることができたからです。

私は身体がそれほど大きくないにもかかわらず、重量級の人が得意とする「力技」を中心に戦ってきました。力技は明らかに体格のいい選手のほうが有利ですし、実際それで伸び悩んでいたところもあったのです。また、身体にも相当負担がかかっていました。

けれど、膝を大ケガしたことで、なるべく身体に負担のかからない戦い方を編み出さざるを得なくなりました。力技でねじ伏せるのではなく、自分に合った戦法を模索しはじめたのです。言い換えれば、楽して相手を倒せる「効率のいい技」です。こうして習得したのが「大内刈り」という技でした。

それを自分の得意技にしたところ……みるみる頭角をあらわす結果となったのです。もし私がケガをしていなかったら……おそらく、レギュラーの座を手に入れることはなかったでしょう。体格の違う人と力で競り合ったところで、負けは目に見えているからです。

膝を故障したおかげで、私は「頑張り方」の方向性を誤っていたことに気づき、正しい頑張り方を知ることができました。そして、マイナスを補って余りある成長を遂げることができたのです。

2番目の大きな壁は、今から19年前、2000年のことです。

私は柔道でシドニーオリンピックの最有力候補と目されていました。ところが、あと一勝でオリンピックの韓国代表に選ばれるというところで、痛恨のミスをおかし、まさかの敗退を喫してしまったのです。当然、オリンピック代表からは外れました。

さらに、悪いことは重なるもので、これまで家族の誰よりも元気だと思っていた母が大病を患っていることがわかりました。まさに、お先真っ暗。人生最大のどん底を味わった瞬間でした。

そこで腐らず、立ち直ることができたのは、「世界の大舞台で柔道をする！」という目標と、「世界の舞台で柔道する姿を母ちゃんに見せてやる！」という大きな目的があったからだと思います。周囲の人たちの温かい後押しにも励まされ、腐ることなくあきらめることなく、自分の弱いところに目を向けて、そこを克服すべく練習を続けたところ、翌年のドイツ世界選手権では見事代表の座をつかむことができたのです。

3つめの壁は、会社を興《おこ》してからでした。

実に2度も会社倒産の危機に直面したことです。なぜだったのか？

今、改めて考えてみると、自分への「驕り」が原因だったと思います。

これまで大きな壁にぶち当たってきてもそのたびになんとか乗り越えてきました。そのことが妙な自信につながってしまいました。「なにかトラブルがあっても、過去の成功体験に則《のっと》ってやれば、必ず現状は打破できる。俺に乗り越えられない壁はない！」と思い込んでしまったのです。

人は、成功体験を持つと毎回同じ方法で臨もうとし、異なる視点を持ったり、違う方法を取れなくなったりします。まさに、私がそうでした。

「自分は今までだってこの方法で成功してきた。それに、俺はいつだって努力している。うまくいかないわけがない。もしうまくいかないことがあれば、それはすべて誰かのせい。相手の本気が足りないからだ」と決めつけ、相手のせいにし、ときには徹底的に責めて追い詰めたこともありました。

その結果、どうなったでしょう？　30人ほどいた社員はどんどん会社を離れていきました。それも優秀な人ばかりが辞めていったのです。残った人たちは辞める勇気もやる勇気もない人たちでした。

会社の生産性はがた落ち、業績は悪化の一途をたどるばかりでした。あれよあれよという間に借金はふくらみ、最終的には1億円を超える負債を抱えるまでになりました。

そのようなとき、たまたま出会ったのが**自分自身と徹底的に向き合うきっかけになった、マンダラシート**でした。

藁にもすがる気持ちで実践してみることにしました。そうすることで自分と向き合い、はじめて現状を素直に受け止めることができたのです。

自分はこういう性質なのだ、ということも見えてきました。たとえば、自分に都合の悪いことが起こったとき、自分は誰かのせいにしたり、素直に間違いを認められない傾向があることも知りました。はっきり言って衝撃でした。なぜなら、自分はこれまで誰よりも頑張ってきた、という自負がありましたから。自分に非があるなどと1ミリでも考えたことがなかったのです。

自分は会社やスタッフのためを思って全身全霊の力で臨んでいる。できていないのは社員だ！　自分の頑張りに応えられない社員のみんながいけないんだ！と決めつけてかかっていました。

けれども、実際には自分の考えを相手に押しつけ、それができない人を責め、ただただ怒りをぶつけているだけで、自分の頑張りが空回りしているだけだったのです。

もしかして、会社の業績悪化の原因がすべて自分にあるのでは?と気づいて、ハッとした瞬間でもありました。

そこから、私は大幅な軌道修正を試みました。

予測を立て、目標を設定して行動し、自分自身の考え方や在り方のレベルを高めるために、改善を積み重ねました。

けれど、時すでに遅し。残念ながら最後には一部の事業を手放す結果となりました。

ただ、そこで学んだことは、次からの事業で大いに活かすことができました。最初の事業での失敗をすべて新しい事業に反映させたのです。すると、売り上げは順調に伸び、2年後には業績は大きく改善、最初の事業の倍近い売り上げを得るまでなりました。

さらに驚くべきこととして、社員の定着率が格段に高まりました。しかも幹部候補生となる優秀なスタッフが次々に育っていったのです。今では新規事業の立ち上げは若手リーダースタッフが中心となって行なってくれています。

事業の一部を手放すという苦い経験も、振り返ってみれば自分のプラスになる出来事でした。

なぜなら、これまでわかっていなかったことを知るきっかけにもなりましたし、今まで気づけなかったことに気づくこともできたからです。

これらはすべて、自分の在り方や考え方、そしてやり方のレベルを高めるきっかけとなってくれたと思います。

そう考えると、**これまで私の前に無数に出現した「壁」はすべて、乗り越えることで自分の「糧」となったように思います。**

つまり、**数多くの失敗や挫折の経験は、決してムダではなかった、**ということです。

そこに気づくようになってからは、なにかトラブルが起こっても、必要以上に焦ることはなくなりました。

また、誰かのせいにすることも少なくなりました。

自分の性質や思考パターンを知ったことで、「あれは本当にあの人のせいなのか？」「これって本当にピンチなのか？」と考えられるようになったのです。

さらには、「なりたい自分像」が明確になったことで、イラっとしても「自分はあの人のようになりたい、と思っているのだから、自らが変わっていくしかないよな」と自問自答して、答えを導き出せるようにもなりました。

言ってみれば、以前よりも感情のコントロールが上手にできるようになったと言えるでしょう。

感情の切り替えが早くできるようになると、冷静な判断やその場における最適な決断が下しやすくなります。

その結果、たとえピンチが訪れても、引きずることなくそこから抜け出せるようになったのです。


会社が上向きになると、うれしくなって、気持ちもどんどん前向きになります。

自分のマインドも高まり、

「今度はもう少しこういうことをしたいな」

「みんなにもっとこんなことをしてあげたいな」

「次はこんなことにチャレンジしてみたいな」

という思いがどんどん生まれてきます。

人間関係がよくなると、仕事も楽しくなる、売上も上がる、気持ちも制御できてストレスも減る。

何より嬉しいのは、一番身近で大切な存在である家族やスタッフたちも、ピンチや逆境に出くわした時、真正面からポジティブに向き合い乗り越えられるようになったことです。

すると、これまで起こっていた一見ネガティブに見えていたことがすべてウソみたいに、目標の達成や夢の実現の転機へとつながっていったのです。

その過程では、つらいこともありました。

借金に苦しんだ時期もありました。

大事な人との信頼関係が崩れて悩んだ時期もありました。

けれど、**正しい頑張りはすべて結果につながるのだ**、ということを身を持って知ったのです。

私はぜひ自分と同じようにすばらしい変化を、ひとりでも多くの方に味わっていただき、「自分にはできる」「自分にもできる」という自信を持っていただきたいと思い、今回この本を書きました。

これから先、どのような時代でも自分の生きたい人生をしっかり描き、どのような逆境や壁にぶつかってもそれを乗り越え、人生を前向きに進んでいける人がひとりでも増えてくれたらいいな、という気持ちを込めています。

誰にも、人生のうちで何回かはとことん頑張らなければいけない時期があるでしょう。そのようなとき、ぜひともその努力がきちんと報われる「正しい頑張り方」をしていただきたいと思います。そうすれば、すべての失敗や挫折、努力はすべて「結果」につながっていくでしょう。

ここで大事なことをお伝えします。

「正しい頑張り方」の「やり方」が結果を保証するのではありません。**「正しく頑張る」という「考え方」や「在り方」ができる人が、最後に結果が出せる人**なのです。

言い方を変えれば、結果が出るまで決して諦めず、毎回結果や自分と向き合い、工夫し、チャレンジし続けると少しづつ成長し、やがて必ず結果が出せるようになるということなのです。

私は自分の経験から、次のように考えています。

「メンタルが強い人」なんて存在しない。

「怖くても嫌でも、自分自身の心と向き合い、感情をコントロールできる人」がいるだけなんだと。

感情は意志の強さではなく「技術」でコントロールできます。すなわちトレーニングすることで高めることができます。

そして、「自分自身と向き合うことで自分軸を定め、その自分軸に向かって軌道修正すること」こそが、そのトレーニングに当たるのです。

本書には、私がこれまで経験した多くの失敗と挫折と、その都度試行錯誤しながら編み出したトレーニングの方法が、余すことなく詰まっています。

それをぜひ活用してください。

最後になりましたが、この本を出版するにあたってお世話になった方々に御礼申し上げます。

編集を担当してくださいました竹内尚志さん、出版の機会をくださった岩谷洋昌さん、素晴らしいアイデアをたくさん頂いたライターの柴田恵理さん、どんなピンチや逆境に直面しても絶対に諦めない強力な自己肯定感を与えてくれた大好きな母さん、そして今、どんな時も自分を信じ支えてくれる最愛の家族とドリームファクトリーの自慢のスタッフのみんなに、心からありがとうを伝えたいと思います。
なにより、この本を手に取り、ここまでお読みくださった読者の方々に、最大の感謝の言葉を伝えたいと思います。
本当にありがとうございます。

この本で正しい頑張り方を身につけ、頑張ったことがすべて自分の「実」になって、思い通りの人生を歩まれることを心から応援しています。

令和元年8月吉日

大野 義啓

大野 義啓（おおの・よしひろ）

1975年8月14日生まれで神戸市出身の在日韓国人3世。岡山県作陽高等学校卒業後、天理大学体育学部を経て、ダイコロ株式会社と契約しプロ柔道家として活動。

1999年全日本実業柔道体重別選手権で3位入賞し日本代表候補になるも韓国籍だったため辞退。

2000年シドニー五輪韓国代表を目指し第二次代表選考会に出場し100kg超級で優勝。同階級で一気にシドニー五輪最有力候補になるも、最終選考会決勝戦で一本負けして代表落選となる。

「あと一勝」でオリンピック出場という大きな夢を逃し失意のどん底で、一時は引退も考えたが約1カ月間とことん自分自身と向き合うことで自分自身の心の弱さや甘さが敗因だったことに気づき、周りの支援者の熱心な後押しもあり競技に復帰。1年後の2001年ミュンヘン世界柔道選手権大会最終選考会の決勝戦では延長戦まで縺れた試合の残り時間「1秒」で渾身の一本勝ちを収めて世界選手権韓国代表の座を掴む。

2001年は100kg超級と無差別級、2003年は100kg級で韓国代表として2大会連続、3階級で世界選手権に出場。無差別級ベスト8入賞をはじめ、2000年アジア柔道選手権大会では100kg超級で銅メダルを獲得するなど、国際大会の出場経験も豊富。

プロのアスリートとして競技する一方で、関西医療学園専門学校柔整科・東洋療法科で6年間勉強を続け、柔道整復師・鍼灸師・あん摩マッサージ指圧師の国家資格を取得。

２００７年に現役を引退し、平野区で整骨院事業や介護事業、教育関連事業などを立ち上げ経営者として第二の人生をスタート。

常に20人を超えるスタッフと共に事業をする上で「人のパフォーマンスアップ」は「メンタル面の成長」が大きく関連し、スポーツでもビジネスでも結果を出すためのプロセスは共通していることに気づく。

そこからプロアスリート、プロトレーナー、企業経営者というそれぞれの視点と経験から独自に「原動力・行動力・習慣力」の３つの能力を向上させる maemukiaction メソッドを開発し、スタッフの育成・能力開発に注力。

その結果、離職率は過去３年で５分の１に減少し、売上は１８３％増加。

また、元日本代表サッカー選手をはじめ多くのトップアスリートや企業の管理者研修でも多くの目標達成をサポートし研修講師やメンタルコーチとしても活動中。

目標（やりたいこと）を持つことで「折れても戻せる」前向きなメンタルを持ち行動ができる人を増やす！を理念に掲げ、目標設定や目標達成のコツ、考え方や取り組み方などを広めるため、「maemukiaction メソッド」をセミナーや研修活動を通して発信している。

MAEMUKI ACTION ホームページ

https://www.maemukiaction.com/

Special Thanks to:

企画協力　岩谷 洋昌（H&S株式会社）

編集協力　柴田 恵理

大野 君子
大野 美由紀
大野 美葵
大野 美潤
大野 義志
ドリームファクトリースタッフのみんな
大久保 嘉人
仲里 航
伊沢 光大
倉本 信平
越川 朋織
森 志朗

目標達成のプロが教える

頑張《がんば》り方《かた》の教科書《きょうかしょ》

二〇一九年（令和元年）九月二十日　初版第一刷発行

著　者　大野 義啓
発行者　伊藤 滋
発行所　株式会社自由国民社
　　　東京都豊島区高田三―一〇―一一　〒一七一―〇〇三三
　　　電話〇三―六二三三―〇七八一（代表）
造　本　ＪＫ
印刷所　新灯印刷株式会社
製本所　新風製本株式会社

©2019 Printed in Japan.

●造本には細心の注意を払っておりますが、万が一、本書にページの順序間違い・抜けなど物理的欠陥があった場合は、不良事実を確認後お取り替えいたします。小社までご連絡の上、本書をご返送ください。ただし、古書店等で購入・入手された商品の交換には一切応じません。

●本書の全部または一部の無断複製（コピー、スキャン、デジタル化等）・転訳載・引用を、著作権法上での例外を除き、禁じます。ウェブページ、ブログ等の電子メディアにおける無断転載等も同様です。これらの許諾については事前に小社までお問合せください。また、本書を代行業者等の第三者に依頼してスキャンやデジタル化することは、たとえ個人や家庭内での利用であっても一切認められませんのでご注意ください。

●本書の内容の正誤等の情報につきましては自由国民社ホームページ（https://www.jiyu.co.jp/）内でご覧いただけます。

●本書の内容の運用によっていかなる障害が生じても、著者、発行者、発行所のいずれも責任を負いかねます。また本書の内容に関する電話でのお問い合わせ、および本書の内容を超えたお問い合わせには応じられませんのであらかじめご了承ください。